BULGAARS

WOORDENSCHAT

THEMATISCHE WOORDENLIJST

NEDERLANDS BULGAARS

De meest bruikbare woorden
Om uw woordenschat uit te breiden en
uw taalvaardigheid aan te scherpen

3000 woorden

Thematische woordenschat Nederlands-Bulgaars - 3000 woorden
Door Andrey Taranov

Woordenlijsten van T&P Books zijn bedoeld om u woorden van een vreemde taal te helpen leren, onthouden, en bestudering. Dit woordenboek is ingedeeld in thema's en behandelt alle belangrijk terreinen van het dagelijkse leven, bedrijven, wetenschap, cultuur, etc.

Het proces van het leren van woorden met behulp van de op thema's gebaseerde aanpak van T&P Books biedt u de volgende voordelen:

• Correct gegroepeerde informatie is bepalend voor succes bij opeenvolgende stadia van het leren van woorden
• De beschikbaarheid van woorden die van dezelfde stam zijn maakt het mogelijk om woordgroepen te onthouden (in plaats van losse woorden)
• Kleine groepen van woorden faciliteren het proces van het aanmaken van associatieve verbindingen, die nodig zijn bij het consolideren van de woordenschat
• Het niveau van talenkennis kan worden ingeschat door het aantal geleerde woorden

T&P Books Publishing
www.tpbooks.com

ISBN: 978-1-78492-373-0

Dit boek is ook beschikbaar in e-boek formaat.
Gelieve www.tpbooks.com te bezoeken of de belangrijkste online boekwinkels.

BULGAARSE WOORDENSCHAT
nieuwe woorden leren

T&P Books woordenlijsten zijn bedoeld om u te helpen vreemde woorden te leren, te onthouden, en te bestuderen. De woordenschat bevat meer dan 3000 veel gebruikte woorden die thematisch geordend zijn.

- De woordenlijst bevat de meest gebruikte woorden
- Aanbevolen als aanvulling bij welke taalcursus dan ook
- Voldoet aan de behoeften van de beginnende en gevorderde student in vreemde talen
- Geschikt voor dagelijks gebruik, bestudering en zelftestactiviteiten
- Maakt het mogelijk om uw woordenschat te evalueren

Bijzondere kenmerken van de woordenschat

- De woorden zijn gerangschikt naar hun betekenis, niet volgens alfabet
- De woorden worden weergegeven in drie kolommen om bestudering en zelftesten te vergemakkelijken
- Woorden in groepen worden verdeeld in kleine blokken om het leerproces te vergemakkelijken
- De woordenschat biedt een handige en eenvoudige beschrijving van elk buitenlands woord

De woordenschat bevat 101 onderwerpen zoals:

Basisconcepten, getallen, kleuren, maanden, seizoenen, meeteenheden, kleding en accessoires, eten & voeding, restaurant, familieleden, verwanten, karakter, gevoelens, emoties, ziekten, stad, dorp, bezienswaardigheden, winkelen, geld, huis, thuis, kantoor, werken op kantoor, import & export, marketing, werk zoeken, sport, onderwijs, computer, internet, gereedschap, natuur, landen, nationaliteiten en meer ...

INHOUDSOPGAVE

UITSPRAAKGIDS

T&P fonetisch alfabet	Bulgaars voorbeeld	Nederlands voorbeeld
[a]	сладък [sládək]	acht
[e]	череша [tʃeréʃa]	delen, spreken
[i]	килим [kilím]	bidden, tint
[o]	отломка [otlómka]	overeenkomst
[u]	улуча [ulútʃa]	hoed, doe
[ə]	въже [vəʒé]	De sjwa, 'doffe e'
[ja], [ʲa]	вечеря [vetʃérʲa]	januari, gedetailleerd
[ʲu]	ключ [klʲutʃ]	jullie, aquarium
[ʲo]	фризьор [frizʲór]	New York, jongen
[ja], [ʲa]	история [istórija]	januari, gedetailleerd
[b]	събота [sébota]	hebben
[d]	пладне [pládne]	Dank u, honderd
[f]	парфюм [parfʲúm]	feestdag, informeren
[g]	гараж [garáʒ]	goal, tango
[ʒ]	мрежа [mréʒa]	journalist, rouge
[j]	двубой [dvubój]	New York, januari
[h]	храбър [hrábər]	het, herhalen
[k]	колело [koleló]	kennen, kleur
[l]	паралел [paralél]	delen, luchter
[m]	мяукам [mʲaúkam]	morgen, etmaal
[n]	фонтан [fontán]	nemen, zonder
[p]	пушек [púʃek]	parallel, koper
[r]	крепост [krépost]	roepen, breken
[s]	каса [kása]	spreken, kosten
[t]	тютюн [tʲutʲún]	tomaat, taart
[v]	завивам [zavívam]	beloven, schrijven
[ts]	църква [tsérkva]	niets, plaats
[ʃ]	шапка [ʃápka]	shampoo, machine
[tʃ]	чорапи [tʃorápi]	Tsjechië, cello
[w]	уиски [wíski]	twee, willen
[z]	зарзават [zarzavát]	zeven, zesde

AFKORTINGEN
gebruikt in de woordenschat

Nederlandse afkortingen

abn	-	als bijvoeglijk naamwoord
bijv.	-	bijvoorbeeld
bn	-	bijvoeglijk naamwoord
bw	-	bijwoord
enk.	-	enkelvoud
enz.	-	enzovoort
form.	-	formele taal
inform.	-	informele taal
mann.	-	mannelijk
mil.	-	militair
mv.	-	meervoud
on.ww.	-	onovergankelijk werkwoord
ontelb.	-	ontelbaar
ov.	-	over
ov.ww.	-	overgankelijk werkwoord
telb.	-	telbaar
vn	-	voornaamwoord
vrouw.	-	vrouwelijk
vw	-	voegwoord
vz	-	voorzetsel
wisk.	-	wiskunde
ww	-	werkwoord

Nederlandse artikelen

de	-	gemeenschappelijk geslacht
de/het	-	gemeenschappelijk geslacht, onzijdig
het	-	onzijdig

Bulgaarse afkortingen

ж	-	vrouwelijk zelfstandig naamwoord
ж мн	-	vrouwelijk meervoud
м	-	mannelijk zelfstandig naamwoord
м мн	-	mannelijk meervoud
м, ж	-	mannelijk, vrouwelijk

мн	-	meervoud
с	-	onzijdig
с мн	-	onzijdig meervoud

BASISBEGRIPPEN

1. Voornaamwoorden

| ik | аз | [az] |
| jij, je | ти | [ti] |

hij	той	[toj]
zij, ze	тя	[tʲa]
het	то	[to]

wij, we	ние	[níe]
jullie	вие	[víe]
zij, ze	те	[te]

2. Begroetingen. Begroetingen

Hallo! Dag!	Здравей!	[zdravéj]
Hallo!	Здравейте!	[zdravéjte]
Goedemorgen!	Добро утро!	[dobró útro]
Goedemiddag!	Добър ден!	[dóbər den]
Goedenavond!	Добър вечер!	[dóbər vétʃer]

gedag zeggen (groeten)	поздравявам	[pozdravʲávam]
Hoi!	Здрасти!	[zdrásti]
groeten (het)	поздрав (м)	[pózdrav]
verwelkomen (ww)	приветствувам	[privétstvuvam]
Hoe gaat het?	Как си?	[kak si]
Is er nog nieuws?	Какво ново?	[kakvó nóvo]

Dag! Tot ziens!	Довиждане!	[dovíʒdane]
Tot snel! Tot ziens!	До скора среща!	[do skóra sréʃta]
Vaarwel!	Сбогом!	[zbógom]
afscheid nemen (ww)	сбогувам се	[sbogúvam se]
Tot kijk!	До скоро!	[do skóro]

Dank u!	Благодаря!	[blagodarʲá]
Dank u wel!	Много благодаря!	[mnógo blagodarʲá]
Graag gedaan	Моля.	[mólʲa]
Geen dank!	Няма нищо.	[nʲáma níʃto]
Geen moeite.	Няма за какво.	[nʲáma za kakvó]

Excuseer me, ... (inform.)	Извинявай!	[izvinʲávaj]
Excuseer me, ... (form.)	Извинявайте!	[izvinʲávajte]
excuseren (verontschuldigen)	извинявам	[izvinʲávam]

| zich verontschuldigen | извинявам се | [izvinʲávam se] |
| Mijn excuses. | Моите извинения. | [móite izvinénija] |

| Het spijt me! | Прощавайте! | [proʃtávajte] |
| alsjeblieft | моля | [mólʲa] |

Vergeet het niet!	Не забравяйте!	[ne zabrávʲajte]
Natuurlijk!	Разбира се!	[razbíra se]
Natuurlijk niet!	Разбира се, не!	[razbíra se ne]
Akkoord!	Съгласен!	[səglásen]
Zo is het genoeg!	Стига!	[stíga]

3. Vragen

Wie?	Кой?	[koj]
Wat?	Какво?	[kakvó]
Waar?	Къде?	[kədé]
Waarheen?	Къде?	[kədé]
Waarvandaan?	Откъде?	[otkədé]

Wanneer?	Кога?	[kogá]
Waarom?	За какво?	[za kakvó]
Waarom?	Защо?	[zaʃtó]

Waarvoor dan ook?	За какво?	[za kakvó]
Hoe?	Как?	[kak]
Welk?	Кой?	[koj]

Aan wie?	На кого?	[na kogó]
Over wie?	За кого?	[za kogó]
Waarover?	За какво?	[za kakvó]
Met wie?	С кого?	[s kogó]

| Hoeveel? | Колко? | [kólko] |
| Van wie? (mann.) | Чий? | [tʃij] |

4. Voorzetsels

met (bijv. ~ beleg)	с ...	[s]
zonder (~ accent)	без	[bez]
naar (in de richting van)	в, във	[v], [vəf]
over (praten ~)	за	[za]

| voor (in tijd) | преди | [predí] |
| voor (aan de voorkant) | пред ... | [pret] |

onder (lager dan)	под	[pot]
boven (hoger dan)	над	[nat]
op (bovenop)	върху	[vərhú]

| van (uit, afkomstig van) | от | [ot] |
| van (gemaakt van) | от | [ot] |

| over (bijv. ~ een uur) | след | [slet] |
| over (over de bovenkant) | през | [pres] |

5. Functiewoorden. Bijwoorden. Deel 1

Waar?	Къде?	[kədé]
hier (bw)	тук	[tuk]
daar (bw)	там	[tam]

| ergens (bw) | някъде | [nʲákəde] |
| nergens (bw) | никъде | [níkəde] |

| bij ... (in de buurt) | до ... | [do] |
| bij het raam | до прозореца | [do prozóretsa] |

Waarheen?	Къде?	[kədé]
hierheen (bw)	тук	[tuk]
daarheen (bw)	нататък	[natátək]
hiervandaan (bw)	оттук	[ottúk]
daarvandaan (bw)	оттам	[ottám]

| dichtbij (bw) | близо | [blízo] |
| ver (bw) | далече | [dalétʃe] |

in de buurt (van ...)	до	[do]
dichtbij (bw)	редом	[rédom]
niet ver (bw)	недалече	[nedalétʃe]

linker (bn)	ляв	[lʲav]
links (bw)	отляво	[otlʲávo]
linksaf, naar links (bw)	вляво	[vlʲávo]

rechter (bn)	десен	[désen]
rechts (bw)	отдясно	[otdʲásno]
rechtsaf, naar rechts (bw)	вдясно	[vdʲásno]

vooraan (bw)	отпред	[otprét]
voorste (bn)	преден	[préden]
vooruit (bw)	напред	[naprét]

achter (bw)	отзад	[otzát]
van achteren (bw)	отзад	[otzát]
achteruit (naar achteren)	назад	[nazát]

| midden (het) | среда (ж) | [sredá] |
| in het midden (bw) | по средата | [po sredáta] |

opzij (bw)	встрани	[fstraní]
overal (bw)	навсякъде	[nafsʲákəde]
omheen (bw)	наоколо	[naókolo]

binnenuit (bw)	отвътре	[otvétre]
naar ergens (bw)	някъде	[nʲákəde]
rechtdoor (bw)	направо	[naprávo]
terug (bijv. ~ komen)	обратно	[obrátno]
ergens vandaan (bw)	откъдето и да е	[otkədéto i da e]
ergens vandaan (en dit geld moet ~ komen)	отнякъде	[otnʲákəde]

ten eerste (bw)	първо	[pérvo]
ten tweede (bw)	второ	[ftóro]
ten derde (bw)	трето	[tréto]

plotseling (bw)	изведнъж	[izvednéʃ]
in het begin (bw)	в началото	[f natʃáloto]
voor de eerste keer (bw)	за пръв път	[za prəv pét]
lang voor ... (bw)	много време преди ...	[mnógo vréme predí]
opnieuw (bw)	наново	[nanóvo]
voor eeuwig (bw)	завинаги	[zavínagi]

nooit (bw)	никога	[níkoga]
weer (bw)	пак	[pak]
nu (bw)	сега	[segá]
vaak (bw)	често	[tʃésto]
toen (bw)	тогава	[togáva]
urgent (bw)	срочно	[srótʃno]
meestal (bw)	обикновено	[obiknovéno]

trouwens, ... (tussen haakjes)	между другото ...	[méʒdu drúgoto]
mogelijk (bw)	възможно	[vəzmóʒno]
waarschijnlijk (bw)	вероятно	[verojátno]
misschien (bw)	може би	[móʒe bi]
trouwens (bw)	освен това, ...	[osvén tová]
daarom ...	затова	[zatová]
in weerwil van ...	въпреки че ...	[vépreki tʃe]
dankzij ...	благодарение на ...	[blagodarénie na]

wat (vn)	какво	[kakvó]
dat (vw)	че	[tʃe]
iets (vn)	нещо	[néʃto]
iets	нещо	[néʃto]
niets (vn)	нищо	[níʃto]

wie (~ is daar?)	кой	[koj]
iemand (een onbekende)	някой	[nʲákoj]
iemand (een bepaald persoon)	някой	[nʲákoj]

niemand (vn)	никой	[níkoj]
nergens (bw)	никъде	[níkəde]
niemands (bn)	ничий	[nítʃij]
iemands (bn)	нечий	[nétʃij]

zo (Ik ben ~ blij)	така	[taká]
ook (evenals)	също така	[séʃto taká]
alsook (eveneens)	също	[séʃto]

6. Functiewoorden. Bijwoorden. Deel 2

Waarom?	Защо?	[zaʃtó]
om een bepaalde reden	кой знае защо	[koj znáe zaʃtó]
omdat ...	защото ...	[zaʃtóto]

voor een bepaald doel	кой знае защо	[koj znáe zaʃtó]
en (vw)	и	[i]
of (vw)	или	[ilí]
maar (vw)	но	[no]
voor (vz)	за	[za]

te (~ veel mensen)	прекалено	[prekaléno]
alleen (bw)	само	[sámo]
precies (bw)	точно	[tótʃno]
ongeveer (~ 10 kg)	около	[ókolo]

omstreeks (bw)	приблизително	[priblizítelno]
bij benadering (bn)	приблизителен	[priblizítelen]
bijna (bw)	почти	[potʃtí]
rest (de)	остатък (м)	[ostátək]

de andere (tweede)	друг	[druk]
ander (bn)	друг	[druk]
elk (bn)	всеки	[fséki]
om het even welk	всеки	[fséki]
veel (grote hoeveelheid)	много	[mnógo]
veel mensen	много	[mnógo]
iedereen (alle personen)	всички	[fsítʃki]

in ruil voor …	в обмяна на …	[v obmʲána na]
in ruil (bw)	в замяна	[v zamʲána]
met de hand (bw)	ръчно	[rétʃno]
onwaarschijnlijk (bw)	едва ли	[edvá li]

waarschijnlijk (bw)	вероятно	[verojátno]
met opzet (bw)	специално	[spetsiálno]
toevallig (bw)	случайно	[sluʧájno]

zeer (bw)	много	[mnógo]
bijvoorbeeld (bw)	например	[naprímer]
tussen (~ twee steden)	между	[meʒdú]
tussen (te midden van)	сред	[sret]
zoveel (bw)	толкова	[tólkova]
vooral (bw)	особено	[osóbeno]

GETALLEN. DIVERSEN

7. Kardinale getallen. Deel 1

nul	нула (ж)	[núla]
een	едно	[ednó]
twee	две	[dve]
drie	три	[tri]
vier	четири	[ʧétiri]
vijf	пет	[pet]
zes	шест	[ʃest]
zeven	седем	[sédem]
acht	осем	[ósem]
negen	девет	[dévet]
tien	десет	[déset]
elf	единадесет	[edinádeset]
twaalf	дванадесет	[dvanádeset]
dertien	тринадесет	[trinádeset]
veertien	четиринадесет	[ʧetirinádeset]
vijftien	петнадесет	[petnádeset]
zestien	шестнадесет	[ʃesnádeset]
zeventien	седемнадесет	[sedemnádeset]
achttien	осемнадесет	[osemnádeset]
negentien	деветнадесет	[devetnádeset]
twintig	двадесет	[dvádeset]
eenentwintig	двадесет и едно	[dvádeset i ednó]
tweeëntwintig	двадесет и две	[dvádeset i dve]
drieëntwintig	двадесет и три	[dvádeset i tri]
dertig	тридесет	[trídeset]
eenendertig	тридесет и едно	[trídeset i ednó]
tweeëndertig	тридесет и две	[trídeset i dve]
drieëndertig	тридесет и три	[trídeset i tri]
veertig	четиридесет	[ʧetírideset]
eenenveertig	четиридесет и едно	[ʧetírideset i ednó]
tweeënveertig	четиридесет и две	[ʧetírideset i dve]
drieënveertig	четиридесет и три	[ʧetírideset i tri]
vijftig	петдесет	[petdesét]
eenenvijftig	петдесет и едно	[petdesét i ednó]
tweeënvijftig	петдесет и две	[petdesét i dve]
drieënvijftig	петдесет и три	[petdesét i tri]
zestig	шестдесет	[ʃestdesét]
eenenzestig	шестдесет и едно	[ʃestdesét i ednó]

tweeënzestig	шестдесет и две	[ʃestdesét i dve]
drieënzestig	шестдесет и три	[ʃestdesét i tri]
zeventig	седемдесет	[sedemdesét]
eenenzeventig	седемдесет и едно	[sedemdesét i ednó]
tweeënzeventig	седемдесет и две	[sedemdesét i dve]
drieënzeventig	седемдесет и три	[sedemdesét i tri]
tachtig	осемдесет	[osemdesét]
eenentachtig	осемдесет и едно	[osemdesét i ednó]
tweeëntachtig	осемдесет и две	[osemdesét i dve]
drieëntachtig	осемдесет и три	[osemdesét i tri]
negentig	деветдесет	[devetdesét]
eenennegentig	деветдесет и едно	[devetdesét i ednó]
tweeënnegentig	деветдесет и две	[devetdesét i dve]
drieënnegentig	деветдесет и три	[devetdesét i tri]

8. Kardinale getallen. Deel 2

honderd	сто	[sto]
tweehonderd	двеста	[dvésta]
driehonderd	триста	[trísta]
vierhonderd	четиристотин	[tʃétiri·stótin]
vijfhonderd	петстотин	[pét·stótin]
zeshonderd	шестстотин	[ʃést·stótin]
zevenhonderd	седемстотин	[sédem·stótin]
achthonderd	осемстотин	[ósem·stótin]
negenhonderd	деветстотин	[dévet·stótin]
duizend	хиляда (ж)	[hilʲáda]
tweeduizend	две хиляди	[dve hílʲadi]
drieduizend	три хиляди	[tri hílʲadi]
tienduizend	десет хиляди	[déset hílʲadi]
honderdduizend	сто хиляди	[sto hílʲadi]
miljoen (het)	милион (м)	[milión]
miljard (het)	милиард (м)	[miliárt]

9. Ordinale getallen

eerste (bn)	първи	[pǝrvi]
tweede (bn)	втори	[ftóri]
derde (bn)	трети	[tréti]
vierde (bn)	четвърти	[tʃetvǝrti]
vijfde (bn)	пети	[péti]
zesde (bn)	шести	[ʃésti]
zevende (bn)	седми	[sédmi]
achtste (bn)	осми	[ósmi]
negende (bn)	девети	[devéti]
tiende (bn)	десети	[deséti]

KLEUREN. MEETEENHEDEN

10. Kleuren

kleur (de)	цвят (м)	[tsvʲat]
tint (de)	оттенък (м)	[otténək]
kleurnuance (de)	тон (м)	[ton]
regenboog (de)	небесна дъга (ж)	[nebésna dəgá]
wit (bn)	бял	[bʲal]
zwart (bn)	черен	[ʧéren]
grijs (bn)	сив	[siv]
groen (bn)	зелен	[zelén]
geel (bn)	жълт	[ʒəlt]
rood (bn)	червен	[ʧervén]
blauw (bn)	син	[sin]
lichtblauw (bn)	небесносин	[nebesnosín]
roze (bn)	розов	[rózov]
oranje (bn)	оранжев	[oránʒev]
violet (bn)	виолетов	[violétov]
bruin (bn)	кафяв	[kafʲáv]
goud (bn)	златен	[zláten]
zilverkleurig (bn)	сребрист	[srebríst]
beige (bn)	бежов	[béʒov]
roomkleurig (bn)	кремав	[krémaʃ]
turkoois (bn)	тюркоазен	[tʲurkoázen]
kersrood (bn)	вишнев	[víʃnev]
lila (bn)	лилав	[liláʃ]
karmijnrood (bn)	малинов	[malínov]
licht (bn)	светъл	[svétəl]
donker (bn)	тъмен	[témen]
fel (bn)	ярък	[járək]
kleur-, kleurig (bn)	цветен	[tsvéten]
kleuren- (abn)	цветен	[tsvéten]
zwart-wit (bn)	черно-бял	[ʧérno-bʲal]
eenkleurig (bn)	едноцветен	[edno·tsvéten]
veelkleurig (bn)	многоцветен	[mnogo·tsvéten]

11. Meeteenheden

gewicht (het)	тегло (c)	[tegló]
lengte (de)	дължина (ж)	[dəɟiná]

breedte (de)	широчина (ж)	[ʃirotʃiná]
hoogte (de)	височина (ж)	[visotʃiná]
diepte (de)	дълбочина (ж)	[dəlbotʃiná]
volume (het)	обем (м)	[obém]
oppervlakte (de)	площ (ж)	[ploʃt]

gram (het)	грам (м)	[gram]
milligram (het)	милиграм (м)	[miligrám]
kilogram (het)	килограм (м)	[kilográm]
ton (duizend kilo)	тон (м)	[ton]
pond (het)	фунт (м)	[funt]
ons (het)	унция (ж)	[úntsija]

meter (de)	метър (м)	[métər]
millimeter (de)	милиметър (м)	[milimétər]
centimeter (de)	сантиметър (м)	[santimétər]
kilometer (de)	километър (м)	[kilométər]
mijl (de)	миля (ж)	[mílʲa]

duim (de)	дюйм (м)	[dʲujm]
voet (de)	фут (м)	[fut]
yard (de)	ярд (м)	[jart]

vierkante meter (de)	квадратен метър (м)	[kvadráten métər]
hectare (de)	хектар (м)	[hektár]

liter (de)	литър (м)	[lítər]
graad (de)	градус (м)	[grádus]
volt (de)	волт (м)	[volt]
ampère (de)	ампер (м)	[ampér]
paardenkracht (de)	конска сила (ж)	[kónska síla]

hoeveelheid (de)	количество (с)	[kolítʃestvo]
een beetje ...	малко ...	[málko]
helft (de)	половина (ж)	[polovína]
dozijn (het)	дузина (ж)	[duzína]
stuk (het)	брой (м)	[broj]

afmeting (de)	размер (м)	[razmér]
schaal (bijv. ~ van 1 op 50)	мащаб (м)	[maʃtáp]

minimaal (bn)	минимален	[minimálen]
minste (bn)	най-малък	[naj-málək]
medium (bn)	среден	[sréden]
maximaal (bn)	максимален	[maksimálen]
grootste (bn)	най-голям	[naj-golʲám]

12. Containers

glazen pot (de)	буркан (м)	[burkán]
blik (conserven~)	тенекия (ж)	[tenekíja]
emmer (de)	кофа (ж)	[kófa]
ton (bijv. regenton)	бъчва (ж)	[bétʃva]
ronde waterbak (de)	леген (м)	[legén]

tank (bijv. watertank-70-ltr)	резервоар (м)	[rezervoár]
heupfles (de)	манерка (ж)	[manérka]
jerrycan (de)	туба (ж)	[túba]
tank (bijv. ketelwagen)	цистерна (ж)	[tsistérna]

beker (de)	чаша (ж)	[ʧáʃa]
kopje (het)	чаша (ж)	[ʧáʃa]
schoteltje (het)	чинийка (ж)	[ʧiníjka]
glas (het)	стакан (м)	[stakán]
wijnglas (het)	чаша (ж) за вино	[ʧáʃa za víno]
pan (de)	тенджера (ж)	[téndʒera]

| fles (de) | бутилка (ж) | [butílka] |
| flessenhals (de) | гърло (с) на бутилка | [gérlo na butílka] |

karaf (de)	гарафа (ж)	[garáfa]
kruik (de)	кана (ж)	[kána]
vat (het)	съд (м)	[set]
pot (de)	гърне (с)	[gərné]
vaas (de)	ваза (ж)	[váza]

flacon (de)	шишенце (с)	[ʃiʃéntse]
flesje (het)	шишенце (с)	[ʃiʃéntse]
tube (bijv. ~ tandpasta)	тубичка (ж)	[túbiʧka]

zak (bijv. ~ aardappelen)	чувал (м)	[ʧuvál]
tasje (het)	плик (м)	[plik]
pakje (~ sigaretten, enz.)	кутия (ж)	[kutíja]

doos (de)	кутия (ж)	[kutíja]
kist (de)	щайга (ж)	[ʃtájga]
mand (de)	кошница (ж)	[kóʃnitsa]

BELANGRIJKSTE WERKWOORDEN

13. De belangrijkste werkwoorden. Deel 1

aanbevelen (ww)	съветвам	[səvétvam]
aandringen (ww)	настоявам	[nastojávam]
aankomen (per auto, enz.)	пристигам	[pristígam]
aanraken (ww)	пипам	[pípam]
adviseren (ww)	съветвам	[səvétvam]
afdalen (on.ww.)	слизам	[slízam]
afslaan (naar rechts ~)	завивам	[zavívam]
antwoorden (ww)	отговарям	[otgovárʲam]
bang zijn (ww)	страхувам се	[strahúvam se]
bedreigen	заплашвам	[zapláʃvam]
(bijv. met een pistool)		
bedriegen (ww)	лъжа	[lə́ʒa]
beëindigen (ww)	приключвам	[prikʲútʃvam]
beginnen (ww)	започвам	[zapótʃvam]
begrijpen (ww)	разбирам	[razbíram]
beheren (managen)	ръководя	[rəkovódʲa]
beledigen	оскърбявам	[oskərbʲávam]
(met scheldwoorden)		
beloven (ww)	обещавам	[obeʃtávam]
bereiden (koken)	готвя	[gótvʲa]
bespreken (spreken over)	обсъждам	[obsə́ʒdam]
bestellen (eten ~)	поръчвам	[porə́tʃvam]
bestraffen (een stout kind ~)	наказвам	[nakázvam]
betalen (ww)	плащам	[pláʃtam]
betekenen (beduiden)	означавам	[oznatʃávam]
betreuren (ww)	съжалявам	[səʒalʲávam]
bevallen (prettig vinden)	харесвам	[harésvam]
bevelen (mil.)	заповядвам	[zapovʲádvam]
bevrijden (stad, enz.)	освобождавам	[osvoboʒdávam]
bewaren (ww)	съхранявам	[səhranʲávam]
bezitten (ww)	владея	[vladéja]
bidden (praten met God)	моля се	[mólʲa se]
binnengaan (een kamer ~)	влизам	[vlízam]
breken (ww)	чупя	[tʃúpʲa]
controleren (ww)	контролирам	[kontrolíram]
creëren (ww)	създам	[səzdám]
deelnemen (ww)	участвам	[utʃástvam]
denken (ww)	мисля	[míslʲa]
doden (ww)	убивам	[ubívam]

| doen (ww) | правя | [práv¹a] |
| dorst hebben (ww) | искам да пия | [ískam da píja] |

14. De belangrijkste werkwoorden. Deel 2

een hint geven	намеквам	[namékvam]
eisen (met klem vragen)	изисквам	[izískvam]
excuseren (vergeven)	извинявам	[izvin¹ávam]
existeren (bestaan)	съществувам	[səʃtestvúvam]
gaan (te voet)	вървя	[vərv¹á]

gaan zitten (ww)	сядам	[s¹ádam]
gaan zwemmen	къпя се	[kə́p¹a se]
geven (ww)	давам	[dávam]
glimlachen (ww)	усмихвам се	[usmíhvam se]
goed raden (ww)	отгатна	[otgátna]

grappen maken (ww)	шегувам се	[ʃegúvam se]
graven (ww)	ровя	[róv¹a]
hebben (ww)	имам	[ímam]
helpen (ww)	помагам	[pomágam]
herhalen (opnieuw zeggen)	повтарям	[poftár¹am]
honger hebben (ww)	искам да ям	[ískam da jam]

hopen (ww)	надявам се	[nad¹ávam se]
horen	чувам	[ʧúvam]
(waarnemen met het oor)		
huilen (wenen)	плача	[pláʧa]
huren (huis, kamer)	наемам	[naémam]
informeren (informatie geven)	информирам	[informíram]
instemmen (akkoord gaan)	съгласявам се	[səglas¹ávam se]
jagen (ww)	ловувам	[lovúvam]
kennen (kennis hebben	познавам	[poznávam]
van iemand)		

| kiezen (ww) | избирам | [izbíram] |
| klagen (ww) | оплаквам се | [oplákvam se] |

kosten (ww)	струвам	[strúvam]
kunnen (ww)	мога	[móga]
lachen (ww)	смея се	[sméja se]
laten vallen (ww)	изтървавам	[istərvávam]
lezen (ww)	чета	[ʧeta]

liefhebben (ww)	обичам	[obíʧam]
lunchen (ww)	обядвам	[ob¹ádvam]
nemen (ww)	взимам	[vzímam]
nodig zijn (ww)	трябвам	[tr¹ábvam]

15. De belangrijkste werkwoorden. Deel 3

| onderschatten (ww) | недооценявам | [nedootsen¹ávam] |
| ondertekenen (ww) | подписвам | [potpísvam] |

ontbijten (ww)	закусвам	[zakúsvam]
openen (ww)	отварям	[otvárʲam]
ophouden (ww)	прекратявам	[prekratʲávam]
opmerken (zien)	забелязвам	[zabelʲázvam]

opscheppen (ww)	хваля се	[hválʲa se]
opschrijven (ww)	записвам	[zapísvam]
plannen (ww)	планирам	[planíram]
prefereren (verkiezen)	предпочитам	[pretpoʧítam]
proberen (trachten)	опитвам се	[opítvam se]
redden (ww)	спасявам	[spasʲávam]

rekenen op ...	разчитам на ...	[rasʧítam na]
rennen (ww)	бягам	[bʲágam]
reserveren (een hotelkamer ~)	резервирам	[rezervíram]
roepen (om hulp)	викам	[víkam]
schieten (ww)	стрелям	[strélʲam]
schreeuwen (ww)	викам	[víkam]

schrijven (ww)	пиша	[píʃa]
souperen (ww)	вечерям	[veʧérʲam]
spelen (kinderen)	играя	[igrája]
spreken (ww)	говоря	[govórʲa]
stelen (ww)	крада	[kradá]
stoppen (pauzeren)	спирам се	[spíram se]

studeren (Nederlands ~)	изучавам	[izuʧávam]
sturen (zenden)	изпращам	[ispráʃtam]
tellen (optellen)	броя	[brojá]
toebehoren aan ...	принадлежа ...	[prinadleʒá]
toestaan (ww)	разрешавам	[razreʃávam]
tonen (ww)	показвам	[pokázvam]

twijfelen (onzeker zijn)	съмнявам се	[səmnʲávam se]
uitgaan (ww)	излизам	[izlízam]
uitnodigen (ww)	каня	[kánʲa]
uitspreken (ww)	произнасям	[proiznásʲam]
uitvaren tegen (ww)	ругая	[rugája]

16. De belangrijkste werkwoorden. Deel 4

vallen (ww)	падам	[pádam]
vangen (ww)	ловя	[lovʲá]
veranderen (anders maken)	сменям	[sménʲam]
verbaasd zijn (ww)	удивлявам се	[udivlʲávam se]
verbergen (ww)	крия	[kríja]

verdedigen (je land ~)	защитавам	[zaʃtitávam]
verenigen (ww)	обединявам	[obedinʲávam]
vergelijken (ww)	сравнявам	[sravnʲávam]
vergeten (ww)	забравям	[zabrávʲam]
vergeven (ww)	прощавам	[proʃtávam]
verklaren (uitleggen)	обяснявам	[obʲasnʲávam]

verkopen (per stuk ~)	продавам	[prodávam]
vermelden (praten over)	споменавам	[spomenávam]
versieren (decoreren)	украсявам	[ukrasʲávam]
vertalen (ww)	превеждам	[prevéʒdam]

vertrouwen (ww)	доверявам	[doverʲávam]
vervolgen (ww)	продължавам	[prodəlʒávam]
verwarren (met elkaar ~)	обърквам	[obə́rkvam]
verzoeken (ww)	моля	[mólʲa]
verzuimen (school, enz.)	пропускам	[propúskam]

vinden (ww)	намирам	[namíram]
vliegen (ww)	летя	[letʲá]
volgen (ww)	вървя след ...	[varvʲá slet]
voorstellen (ww)	предлагам	[predlágam]
voorzien (verwachten)	предвиждам	[predvíʒdam]
vragen (ww)	питам	[pítam]

waarnemen (ww)	наблюдавам	[nablʲudávam]
waarschuwen (ww)	предупреждавам	[predupreʒdávam]
wachten (ww)	чакам	[ʧákam]
weerspreken (ww)	възразявам	[vəzrazʲávam]
weigeren (ww)	отказвам се	[otkázvam se]

werken (ww)	работя	[rabótʲa]
weten (ww)	знам	[znam]
willen (verlangen)	искам	[ískam]
zeggen (ww)	кажа	[káʒa]
zich haasten (ww)	бързам	[bérzam]

zich interesseren voor ...	интересувам се	[interesúvam se]
zich vergissen (ww)	греша	[greʃá]
zien (ww)	виждам	[víʒdam]

zoeken (ww)	търся	[tə́rsʲa]
zwemmen (ww)	плувам	[plúvam]
zwijgen (ww)	мълча	[məlʧá]

TIJD. KALENDER

17. Dagen van de week

maandag (de)	понеделник (м)	[ponedélnik]
dinsdag (de)	вторник (м)	[ftórnik]
woensdag (de)	сряда (ж)	[srʲáda]
donderdag (de)	четвъртък (м)	[tʃetvártək]
vrijdag (de)	петък (м)	[pétək]
zaterdag (de)	събота (ж)	[sébota]
zondag (de)	неделя (ж)	[nedélʲa]
vandaag (bw)	днес	[dnes]
morgen (bw)	утре	[útre]
overmorgen (bw)	вдругиден	[vdrugidén]
gisteren (bw)	вчера	[vtʃéra]
eergisteren (bw)	завчера	[závtʃera]
dag (de)	ден (м)	[den]
werkdag (de)	работен ден (м)	[rabóten den]
feestdag (de)	празничен ден (м)	[práznitʃen den]
verlofdag (de)	почивен ден (м)	[potʃíven dén]
weekend (het)	почивни дни (м мн)	[potʃívni dni]
de hele dag (bw)	цял ден	[tsʲal den]
de volgende dag (bw)	на следващия ден	[na slédvaʃtija den]
twee dagen geleden	преди два дена	[predí dva déna]
aan de vooravond (bw)	в навечерието	[v navetʃérieto]
dag-, dagelijks (bn)	всекидневен	[fsekidnéven]
elke dag (bw)	всекидневно	[fsekidnévno]
week (de)	седмица (ж)	[sédmitsa]
vorige week (bw)	през миналата седмица	[pres mínalata sédmitsa]
volgende week (bw)	през следващата седмица	[pres slédvaʃtata sédmitsa]
wekelijks (bn)	седмичен	[sédmitʃen]
elke week (bw)	седмично	[sédmitʃno]
twee keer per week	два пъти на седмица	[dva pətí na sédmitsa]
elke dinsdag	всеки вторник	[fséki ftórnik]

18. Uren. Dag en nacht

morgen (de)	сутрин (ж)	[sútrin]
's morgens (bw)	сутринта	[sutrintá]
middag (de)	пладне (с)	[pládne]
's middags (bw)	следобед	[sledóbet]
avond (de)	вечер (ж)	[vétʃer]
's avonds (bw)	вечер	[vétʃer]

nacht (de)	нощ (ж)	[noʃt]
's nachts (bw)	нощем	[nóʃtem]
middernacht (de)	полунощ (ж)	[polunóʃt]

seconde (de)	секунда (ж)	[sekúnda]
minuut (de)	минута (ж)	[minúta]
uur (het)	час (м)	[ʧas]
halfuur (het)	половин час (м)	[polovín ʧas]
kwartier (het)	четвърт (ж) час	[ʧétvərt ʧas]
vijftien minuten	петнадесет минути	[petnádeset minúti]
etmaal (het)	денонощие (с)	[denonóʃtie]

zonsopgang (de)	изгрев слънце (с)	[ízgrev sléntsə]
dageraad (de)	разсъмване (с)	[rassémvane]
vroege morgen (de)	ранна сутрин (ж)	[ránna sútrin]
zonsondergang (de)	залез (м)	[zález]

's morgens vroeg (bw)	рано сутрин	[ráno sútrin]
vanmorgen (bw)	тази сутрин	[tázi sútrin]
morgenochtend (bw)	утре сутрин	[útre sútrin]

vanmiddag (bw)	днес през деня	[dnes pres denʲá]
's middags (bw)	следобед	[sledóbet]
morgenmiddag (bw)	утре следобед	[útre sledóbet]

vanavond (bw)	довечера	[dovéʧera]
morgenavond (bw)	утре вечер	[útre véʧer]

klokslag drie uur	точно в три часа	[tótʃno v tri ʧasá]
ongeveer vier uur	около четири часа	[ókolo ʧétiri ʧasá]
tegen twaalf uur	към дванадесет часа	[kəm dvanádeset ʧasá]

over twintig minuten	след двадесет минути	[slet dvádeset minúti]
over een uur	след един час	[slet edín ʧas]
op tijd (bw)	навреме	[navréme]

kwart voor …	без четвърт …	[bes ʧétvərt]
binnen een uur	в течение на един час	[v teʧénie na edín ʧas]
elk kwartier	на всеки петнадесет минути	[na fséki petnádeset minúti]
de klok rond	цяло денонощие	[tsʲálo denonóʃtie]

19. Maanden. Seizoenen

januari (de)	януари (м)	[januári]
februari (de)	февруари (м)	[fevruári]
maart (de)	март (м)	[mart]
april (de)	април (м)	[apríl]
mei (de)	май (м)	[maj]
juni (de)	юни (м)	[júni]

juli (de)	юли (м)	[júli]
augustus (de)	август (м)	[ávgust]
september (de)	септември (м)	[septémvri]

oktober (de)	октомври (м)	[októmvri]
november (de)	ноември (м)	[noémvri]
december (de)	декември (м)	[dekémvri]

lente (de)	пролет (ж)	[prólet]
in de lente (bw)	през пролетта	[prez prolettá]
lente- (abn)	пролетен	[próleten]

zomer (de)	лято (c)	[lʲáto]
in de zomer (bw)	през лятото	[prez lʲátoto]
zomer-, zomers (bn)	летен	[léten]

herfst (de)	есен (ж)	[ésen]
in de herfst (bw)	през есента	[prez esentá]
herfst- (abn)	есенен	[ésenen]

winter (de)	зима (ж)	[zíma]
in de winter (bw)	през зимата	[prez zímata]
winter- (abn)	зимен	[zímen]

maand (de)	месец (м)	[mésets]
deze maand (bw)	през този месец	[pres tózi mésets]
volgende maand (bw)	през следващия месец	[prez slédvaʃtija mésets]
vorige maand (bw)	през миналия месец	[prez mínalija mésets]

een maand geleden (bw)	преди един месец	[predí edín mésets]
over een maand (bw)	след един месец	[slet edín mésets]
over twee maanden (bw)	след два месеца	[slet dva mésetsa]
de hele maand (bw)	цял месец	[tsʲal mésets]
een volle maand (bw)	цял месец	[tsʲal mésets]

maand-, maandelijks (bn)	месечен	[mésetʃen]
maandelijks (bw)	месечно	[mésetʃno]
elke maand (bw)	всеки месец	[fséki mésets]
twee keer per maand	два пъти на месец	[dva péti na mésets]

jaar (het)	година (ж)	[godína]
dit jaar (bw)	тази година	[tázi godína]
volgend jaar (bw)	през следващата година	[prez slédvaʃtata godína]
vorig jaar (bw)	през миналата година	[prez mínalata godína]

een jaar geleden (bw)	преди една година	[predí edná godína]
over een jaar	след една година	[slet edná godína]
over twee jaar	след две години	[slet dve godíni]
het hele jaar	цяла година	[tsʲála godína]
een vol jaar	цяла година	[tsʲála godína]

elk jaar	всяка година	[fsʲáka godína]
jaar-, jaarlijks (bn)	ежегоден	[eʒegóden]
jaarlijks (bw)	ежегодно	[eʒegódno]
4 keer per jaar	четири пъти годишно	[tʃétiri péti godíʃno]

datum (de)	число (c)	[tʃisló]
datum (de)	дата (ж)	[dáta]
kalender (de)	календар (м)	[kalendár]
een half jaar	половин година	[polovín godína]

zes maanden	полугодие (с)	[polugódie]
seizoen (bijv. lente, zomer)	сезон (м)	[sezón]
eeuw (de)	век (м)	[vek]

REIZEN. HOTEL

20. Trip. Reizen

toerisme (het)	туризъм (м)	[turízəm]
toerist (de)	турист (м)	[turíst]
reis (de)	пътешествие (с)	[pəteʃéstvie]
avontuur (het)	приключение (с)	[prikl^jutʃénie]
tocht (de)	пътуване (с)	[pətúvane]
vakantie (de)	отпуска (ж)	[ótpuska]
met vakantie zijn	бъда в отпуска	[béda v ótpuska]
rust (de)	почивка (ж)	[potʃífka]
trein (de)	влак (м)	[vlak]
met de trein	с влак	[s vlak]
vliegtuig (het)	самолет (м)	[samolét]
met het vliegtuig	със самолет	[səs samolét]
met de auto	с кола	[s kolá]
per schip (bw)	с кораб	[s kórap]
bagage (de)	багаж (м)	[bagáʃ]
valies (de)	куфар (м)	[kúfar]
bagagekarretje (het)	количка (ж) за багаж	[kolítʃka za bagáʃ]
paspoort (het)	паспорт (м)	[paspórt]
visum (het)	виза (ж)	[víza]
kaartje (het)	билет (м)	[bilét]
vliegticket (het)	самолетен билет (м)	[samoléten bilét]
reisgids (de)	пътеводител (м)	[pətevodítel]
kaart (de)	карта (ж)	[kárta]
gebied (landelijk ~)	местност (ж)	[méstnost]
plaats (de)	място (с)	[m^jásto]
exotische bestemming (de)	екзотика (ж)	[ekzótika]
exotisch (bn)	екзотичен	[ekzotítʃen]
verwonderlijk (bn)	удивителен	[udivítelen]
groep (de)	група (ж)	[grúpa]
rondleiding (de)	екскурзия (ж)	[ekskúrzija]
gids (de)	гид (м)	[git]

21. Hotel

hotel (het)	хотел (м)	[hotél]
motel (het)	мотел (м)	[motél]
3-sterren	три звезди	[tri zvezdí]

| 5-sterren | пет звезди | [pet zvezdí] |
| overnachten (ww) | отсядам | [ots^jádam] |

kamer (de)	стая (ж) в хотел	[stája f hotél]
eenpersoonskamer (de)	еднинична стая (ж)	[edinítʃna stája]
tweepersoonskamer (de)	двойна стая (ж)	[dvójna stája]
een kamer reserveren	резервирам стая	[rezervíram stája]

| halfpension (het) | полупансион (м) | [polupansión] |
| volpension (het) | пълен пансион (м) | [pélen pansión] |

met badkamer	с баня	[s bán^ja]
met douche	с душ	[s duʃ]
satelliet-tv (de)	сателитна телевизия (ж)	[satelítna televízija]
airconditioner (de)	климатик (м)	[klimatík]
handdoek (de)	кърпа (ж)	[kérpa]
sleutel (de)	ключ (м)	[kl^jutʃ]

administrateur (de)	администратор (м)	[administrátor]
kamermeisje (het)	камериерка (ж)	[kameriérka]
piccolo (de)	носач (м)	[nosátʃ]
portier (de)	портиер (м)	[portiér]

restaurant (het)	ресторант (м)	[restoránt]
bar (de)	бар (м)	[bar]
ontbijt (het)	закуска (ж)	[zakúska]
avondeten (het)	вечеря (ж)	[vetʃér^ja]
buffet (het)	шведска маса (ж)	[ʃvétska mása]

| hal (de) | вестибюл (м) | [vestib^júl] |
| lift (de) | асансьор (м) | [asans^jór] |

| NIET STOREN | НЕ МЕ БЕЗПОКОЙТЕ! | [ne me bespokójte] |
| VERBODEN TE ROKEN! | ПУШЕНЕТО ЗАБРАНЕНО! | [puʃenéto zabráneno] |

22. Bezienswaardigheden

monument (het)	паметник (м)	[pámetnik]
vesting (de)	крепост (ж)	[krépost]
paleis (het)	дворец (м)	[dvoréts]
kasteel (het)	замък (м)	[zámǝk]
toren (de)	кула (ж)	[kúla]
mausoleum (het)	мавзолей (м)	[mavzoléj]

architectuur (de)	архитектура (ж)	[arhitektúra]
middeleeuws (bn)	средновековен	[srednovekóven]
oud (bn)	старинен	[starínen]
nationaal (bn)	национален	[natsionálen]
bekend (bn)	известен	[izvésten]

toerist (de)	турист (м)	[turíst]
gids (de)	гид (м)	[git]
rondleiding (de)	екскурзия (ж)	[ekskúrzija]
tonen (ww)	показвам	[pokázvam]

vertellen (ww)	разказвам	[raskázvam]
vinden (ww)	намеря	[namérʲa]
verdwalen (de weg kwijt zijn)	загубя се	[zagúbʲa se]
plattegrond (~ van de metro)	схема (ж)	[shéma]
plattegrond (~ van de stad)	план (м)	[plan]
souvenir (het)	сувенир (м)	[suvenír]
souvenirwinkel (de)	сувенирен магазин (м)	[suveníren magazín]
foto's maken	снимам	[snímam]
zich laten fotograferen	снимам се	[snímam se]

VERVOER

23. Vliegveld

luchthaven (de)	летище (c)	[letíʃte]
vliegtuig (het)	самолет (м)	[samolét]
luchtvaartmaatschappij (de)	авиокомпания (ж)	[aviokompánija]
luchtverkeersleider (de)	авиодиспечер (м)	[aviodispétʃer]
vertrek (het)	излитане (c)	[izlítane]
aankomst (de)	кацане (c)	[kátsane]
aankomen (per vliegtuig)	кацна	[kátsna]
vertrektijd (de)	време (c) на излитане	[vréme na izlítane]
aankomstuur (het)	време (c) на кацане	[vréme na kátsane]
vertraagd zijn (ww)	закъснявам	[zakəsnʲávam]
vluchtvertraging (de)	закъснение (c) на излитане	[zakəsnénie na izlítane]
informatiebord (het)	информационно табло (c)	[informatsiónno tabló]
informatie (de)	информация (ж)	[informátsija]
aankondigen (ww)	обявявам	[obʲavʲávam]
vlucht (bijv. KLM ~)	рейс (м)	[rejs]
douane (de)	митница (ж)	[mítnitsa]
douanier (de)	митничар (м)	[mitnitʃár]
douaneaangifte (de)	декларация (ж)	[deklarátsija]
invullen (douaneaangifte ~)	попълня	[popélnʲa]
een douaneaangifte invullen	попълня декларация	[popélnʲa deklarátsija]
paspoortcontrole (de)	паспортен контрол (м)	[paspórten kontról]
bagage (de)	багаж (м)	[bagáʃ]
handbagage (de)	ръчен багаж (м)	[rétʃen bagáʃ]
bagagekarretje (het)	количка (ж)	[kolítʃka]
landing (de)	кацане (c)	[kátsane]
landingsbaan (de)	писта (ж) за кацане	[písta za kátsane]
landen (ww)	кацам	[kátsam]
vliegtuigtrap (de)	стълба (ж)	[stélba]
inchecken (het)	регистрация (ж)	[registrátsija]
incheckbalie (de)	гише (c) за регистрация	[giʃé za registrátsija]
inchecken (ww)	регистрирам се	[registríram se]
instapkaart (de)	бордна карта (ж)	[bórdna kárta]
gate (de)	излизане (c)	[izlízane]
transit (de)	транзит (м)	[tranzít]
wachten (ww)	чакам	[tʃákam]
wachtzaal (de)	чакалня (ж)	[tʃakálnʲa]

begeleiden (uitwuiven)	изпращам	[ispráʃtam]
afscheid nemen (ww)	сбогувам се	[sbogúvam se]

24. Vliegtuig

vliegtuig (het)	самолет (м)	[samolét]
vliegticket (het)	самолетен билет (м)	[samoléten bilét]
luchtvaartmaatschappij (de)	авиокомпания (ж)	[aviokompánija]
luchthaven (de)	летище (с)	[letíʃte]
supersonisch (bn)	свръхзвуков	[svrəh·zvúkov]
gezagvoerder (de)	командир (м) на самолет	[komandír na samolét]
bemanning (de)	екипаж (м)	[ekipáʒ]
piloot (de)	пилот (м)	[pilót]
stewardess (de)	стюардеса (ж)	[stʲuardésa]
stuurman (de)	щурман (м)	[ʃtúrman]
vleugels (mv.)	крила (мн)	[krilá]
staart (de)	опашка (ж)	[opáʃka]
cabine (de)	кабина (ж)	[kabína]
motor (de)	двигател (м)	[dvigátel]
landingsgestel (het)	шаси (мн)	[ʃasí]
turbine (de)	турбина (ж)	[turbína]
propeller (de)	перка (ж)	[pérka]
zwarte doos (de)	черна кутия (ж)	[tʃérna kutíja]
stuur (het)	кормило (с)	[kormílo]
brandstof (de)	гориво (с)	[gorívo]
veiligheidskaart (de)	инструкция (ж)	[instrúktsija]
zuurstofmasker (het)	кислородна маска (ж)	[kisloródna máska]
uniform (het)	униформа (ж)	[unifórma]
reddingsvest (de)	спасителна жилетка (ж)	[spasítelna ʒilétka]
parachute (de)	парашут (м)	[paraʃút]
opstijgen (het)	излитане (с)	[izlítane]
opstijgen (ww)	излитам	[izlítam]
startbaan (de)	писта (ж) за излитане	[písta za izlítane]
zicht (het)	видимост (ж)	[vídimost]
vlucht (de)	полет (м)	[pólet]
hoogte (de)	височина (ж)	[visotʃiná]
luchtzak (de)	въздушна яма (ж)	[vəzdúʃna jáma]
plaats (de)	място (с)	[mʲásto]
koptelefoon (de)	слушалки (ж мн)	[sluʃálki]
tafeltje (het)	прибираща се масичка (ж)	[pribíraʃta se másitʃka]
venster (het)	илюминатор (м)	[ilʲuminátor]
gangpad (het)	проход (м)	[próhot]

25. Trein

trein (de)	влак (м)	[vlak]
elektrische trein (de)	електрически влак (м)	[elektrítʃeski vlak]

sneltrein (de)	бърз влак (м)	[bérz vlak]
diesellocomotief (de)	дизелов локомотив (м)	[dízelof lokomotíf]
stoomlocomotief (de)	парен локомотив (м)	[páren lokomotíf]

rijtuig (het)	вагон (м)	[vagón]
restauratierijtuig (het)	вагон-ресторант (м)	[vagón-restoránt]

rails (mv.)	релси (ж мн)	[rélsi]
spoorweg (de)	железница (ж)	[ʒeléznitsa]
dwarsligger (de)	траверса (ж)	[travérsa]

perron (het)	платформа (ж)	[platfórma]
spoor (het)	коловоз (м)	[kolovós]
semafoor (de)	семафор (м)	[semafór]
halte (bijv. kleine treinhalte)	гара (ж)	[gára]
machinist (de)	машинист (м)	[maʃiníst]
kruier (de)	носач (м)	[nosátʃ]
conducteur (de)	стюард (м)	[stʲuárt]
passagier (de)	пътник (м)	[pétnik]
controleur (de)	контрольор (м)	[kontrolʲór]

gang (in een trein)	коридор (м)	[koridór]
noodrem (de)	аварийна спирачка (ж)	[avaríjna spirátʃka]

coupé (de)	купе (с)	[kupé]
bed (slaapplaats)	легло (с)	[legló]
bovenste bed (het)	горно легло (с)	[górno legló]
onderste bed (het)	долно легло (с)	[dólno legló]
beddengoed (het)	спално бельо (с)	[spálno belʲó]
kaartje (het)	билет (м)	[bilét]
dienstregeling (de)	разписание (с)	[raspisánie]
informatiebord (het)	табло (с)	[tabló]

vertrekken (De trein vertrekt …)	заминавам	[zaminávam]
vertrek (ov. een trein)	заминаване (с)	[zaminávane]
aankomen (ov. de treinen)	пристигам	[pristígam]
aankomst (de)	пристигане (с)	[pristígane]

aankomen per trein	пристигна с влак	[pristígna s vlak]
in de trein stappen	качвам се във влак	[kátʃvam se vəf vlak]
uit de trein stappen	слизам от влак	[slízam ot vlak]

treinwrak (het)	катастрофа (ж)	[katastrófa]
ontspoord zijn	дерайлирам	[derajlíram]
stoomlocomotief (de)	парен локомотив (м)	[páren lokomotíf]
stoker (de)	огняр (м)	[ognʲár]
stookplaats (de)	пещ (м) на локомотив	[peʃt na lokomotíf]
steenkool (de)	въглища (ж)	[végliʃta]

26. Schip

schip (het)	кораб (м)	[kórap]
vaartuig (het)	плавателен съд (м)	[plavátelen sət]

stoomboot (de)	параход (м)	[parahót]
motorschip (het)	моторен кораб (м)	[motóren kórap]
lijnschip (het)	рейсов кораб (м)	[réjsov kórap]
kruiser (de)	крайцер (м)	[krájtser]

jacht (het)	яхта (ж)	[jáhta]
sleepboot (de)	влекач (м)	[vlekátʃ]
duwbak (de)	шлеп (м)	[ʃlep]
ferryboot (de)	сал (м)	[sal]

zeilboot (de)	платноходка (ж)	[platnohótka]
brigantijn (de)	бригантина (ж)	[brigantína]

ijsbreker (de)	ледоразбивач (м)	[ledo·razbivátʃ]
duikboot (de)	подводница (ж)	[podvódnitsa]

boot (de)	лодка (ж)	[lótka]
sloep (de)	лодка (ж)	[lótka]
reddingssloep (de)	спасителна лодка (ж)	[spasítelna lótka]
motorboot (de)	катер (м)	[káter]

kapitein (de)	капитан (м)	[kapitán]
zeeman (de)	матрос (м)	[matrós]
matroos (de)	моряк (м)	[morʲák]
bemanning (de)	екипаж (м)	[ekipáʒ]

bootsman (de)	боцман (м)	[bótsman]
scheepsjongen (de)	юнга (м)	[júnga]
kok (de)	корабен готвач (м)	[kóraben gotvátʃ]
scheepsarts (de)	корабен лекар (м)	[kóraben lékar]

dek (het)	палуба (ж)	[páluba]
mast (de)	мачта (ж)	[mátʃta]
zeil (het)	корабно платно (с)	[kórabno platnó]

ruim (het)	трюм (м)	[trʲum]
voorsteven (de)	нос (м)	[nos]
achtersteven (de)	кърма (ж)	[kərmá]
roeispaan (de)	гребло (с)	[grebló]
schroef (de)	витло (с)	[vitló]

kajuit (de)	каюта (ж)	[kajúta]
officierskamer (de)	каюткомпания (ж)	[kajut kompánija]
machinekamer (de)	машинно отделение (с)	[maʃínno otdelénie]
brug (de)	капитански мостик (м)	[kapitánski móstik]
radiokamer (de)	радиобудка (ж)	[rádiobútka]
radiogolf (de)	вълна (ж)	[vəlná]
logboek (het)	корабен дневник (м)	[kóraben dnévnik]

verrekijker (de)	далекоглед (м)	[dalekoglét]
klok (de)	камбана (ж)	[kambána]
vlag (de)	знаме (с)	[známe]

kabel (de)	дебело въже (с)	[debélo vəʒé]
knoop (de)	възел (м)	[vézel]
leuning (de)	дръжка (ж)	[dréʃka]

trap (de)	трап (м)	[trap]
anker (het)	котва (ж)	[kótva]
het anker lichten	вдигна котва	[vdígna kótva]
het anker neerlaten	хвърля котва	[hvórlʲa kótva]
ankerketting (de)	котвена верига (ж)	[kótvena veríga]
haven (bijv. containerhaven)	пристанище (с)	[pristániʃte]
kaai (de)	кей (м)	[kej]
aanleggen (ww)	акостирам	[akostíram]
wegvaren (ww)	отплувам	[otplúvam]
reis (de)	пътешествие (с)	[pəteʃéstvie]
cruise (de)	морско пътешествие (с)	[mórsko pəteʃéstvie]
koers (de)	курс (м)	[kurs]
route (de)	маршрут (м)	[marʃrút]
vaarwater (het)	фарватер (м)	[farváter]
zandbank (de)	плитчина (ж)	[plittʃiná]
stranden (ww)	заседна на плитчина	[zasédna na plittʃiná]
storm (de)	буря (ж)	[búrʲa]
signaal (het)	сигнал (м)	[signál]
zinken (ov. een boot)	потъвам	[potévam]
SOS (noodsignaal)	SOS	[sos]
reddingsboei (de)	спасителен пояс (м)	[spasítilen pójas]

STAD

27. Stedelijk vervoer

bus, autobus (de)	автобус (м)	[aftobús]
tram (de)	трамвай (м)	[tramváj]
trolleybus (de)	тролей (м)	[troléj]
route (de)	маршрут (м)	[marʃrút]
nummer (busnummer, enz.)	номер (м)	[nómer]
rijden met ...	пътувам с ...	[pətúvam s]
stappen (in de bus ~)	качвам се в ...	[kátʃvam se v]
afstappen (ww)	сляза от ...	[slʲáza ot]
halte (de)	спирка (ж)	[spírka]
volgende halte (de)	следваща спирка (ж)	[slédvaʃta spírka]
eindpunt (het)	последна спирка (ж)	[poslédna spírka]
dienstregeling (de)	разписание (с)	[raspisánie]
wachten (ww)	чакам	[tʃákam]
kaartje (het)	билет (м)	[bilét]
reiskosten (de)	цена (ж) на билета	[tsená na biléta]
kassier (de)	касиер (м)	[kasiér]
kaartcontrole (de)	контрола (ж)	[kontróla]
controleur (de)	контрольор (м)	[kontrolʲór]
te laat zijn (ww)	закъснявам	[zakəsnʲávam]
missen (de bus ~)	закъснея за ...	[zakəsnéja za]
zich haasten (ww)	бързам	[bérzam]
taxi (de)	такси (с)	[taksí]
taxichauffeur (de)	таксиметров шофьор (м)	[taksimétrof ʃofʲór]
met de taxi (bw)	с такси	[s taksí]
taxistandplaats (de)	пиаца (ж) на такси	[piátsa na taksí]
een taxi bestellen	извикам такси	[izvíkam taksí]
een taxi nemen	взема такси	[vzéma taksí]
verkeer (het)	улично движение (с)	[úlitʃno dviʒénie]
file (de)	задръстване (с)	[zadréstvane]
spitsuur (het)	час пик (м)	[tʃas pík]
parkeren (on.ww.)	паркирам се	[parkíram se]
parkeren (ov.ww.)	паркирам	[párkiram]
parking (de)	паркинг (м)	[párking]
metro (de)	метро (с)	[metró]
halte (bijv. kleine treinhalte)	станция (ж)	[slántsija]
de metro nemen	пътувам с метро	[pətúvam s metró]
trein (de)	влак (м)	[vlak]
station (treinstation)	гара (ж)	[gára]

28. Stad. Het leven in de stad

stad (de)	град (м)	[grat]
hoofdstad (de)	столица (ж)	[stólitsa]
dorp (het)	село (с)	[sélo]
plattegrond (de)	план (м) на града	[plan na gradá]
centrum (ov. een stad)	център (м) на града	[tséntər na gradá]
voorstad (de)	предградие (с)	[predgrádie]
voorstads- (abn)	крайградски	[krajgrátski]
randgemeente (de)	покрайнина (ж)	[pokrajniná]
omgeving (de)	околности (мн)	[okólnosti]
blok (huizenblok)	квартал (м)	[kvartál]
woonwijk (de)	жилищен квартал (м)	[ʒíliʃten kvartál]
verkeer (het)	движение (с)	[dviʒénie]
verkeerslicht (het)	светофар (м)	[svetofár]
openbaar vervoer (het)	градски транспорт (м)	[grátski transpórt]
kruispunt (het)	кръстовище (с)	[krəstóviʃte]
zebrapad (oversteekplaats)	зебра (ж)	[zébra]
onderdoorgang (de)	подлез (м)	[pódlez]
oversteken (de straat ~)	пресичам	[presítʃam]
voetganger (de)	пешеходец (м)	[peʃehódets]
trottoir (het)	тротоар (м)	[trotoár]
brug (de)	мост (м)	[most]
dijk (de)	кей (м)	[kej]
fontein (de)	фонтан (м)	[fontán]
allee (de)	алея (ж)	[aléja]
park (het)	парк (м)	[park]
boulevard (de)	булевард (м)	[bulevárt]
plein (het)	площад (м)	[ploʃtát]
laan (de)	авеню (с)	[avenʲú]
straat (de)	улица (ж)	[úlitsa]
zijstraat (de)	пресечка (ж)	[presétʃka]
doodlopende straat (de)	задънена улица (ж)	[zadénena úlitsa]
huis (het)	къща (ж)	[kéʃta]
gebouw (het)	сграда (ж)	[zgráda]
wolkenkrabber (de)	небостъргач (м)	[nebostərgátʃ]
gevel (de)	фасада (ж)	[fasáda]
dak (het)	покрив (м)	[pókriv]
venster (het)	прозорец (м)	[prozórets]
boog (de)	арка (ж)	[árka]
pilaar (de)	колона (ж)	[kolóna]
hoek (ov. een gebouw)	ъгъл (м)	[égəl]
vitrine (de)	витрина (ж)	[vitrína]
gevelreclame (de)	табела (ж)	[tabéla]
affiche (de/het)	афиш (м)	[afíʃ]
reclameposter (de)	постер (м)	[póster]

aanplakbord (het)	билборд (м)	[bilbórt]
vuilnis (de/het)	боклук (м)	[boklúk]
vuilnisbak (de)	кошче (с)	[kóʃʧe]
afval weggooien (ww)	правя боклук	[práv¡a boklúk]
stortplaats (de)	сметище (с)	[smétiʃte]
telefooncel (de)	телефонна будка (ж)	[telefónna bútka]
straatlicht (het)	стълб (м) с фенер	[stəlp s fenér]
bank (de)	пейка (ж)	[péjka]
politieagent (de)	полицай (м)	[politsáj]
politie (de)	полиция (ж)	[polítsija]
zwerver (de)	сиромах (м)	[siromáh]
dakloze (de)	бездомник (м)	[bezdómnik]

29. Stedelijke instellingen

winkel (de)	магазин (м)	[magazín]
apotheek (de)	аптека (ж)	[aptéka]
optiek (de)	оптика (ж)	[óptika]
winkelcentrum (het)	търговски център (м)	[tərgófski tséntər]
supermarkt (de)	супермаркет (м)	[supermárket]
bakkerij (de)	хлебарница (ж)	[hlebárnitsa]
bakker (de)	фурнаджия (ж)	[furnadʒíja]
banketbakkerij (de)	сладкарница (ж)	[slatkárnitsa]
kruidenier (de)	бакалия (ж)	[bakalíja]
slagerij (de)	месарница (ж)	[mesárnitsa]
groentewinkel (de)	магазин (м) за плодове и зеленчуци	[magazín za plodové i zelentʃútsi]
markt (de)	пазар (м)	[pazár]
koffiehuis (het)	кафене (с)	[kafené]
restaurant (het)	ресторант (м)	[restoránt]
bar (de)	бирария (ж)	[birárija]
pizzeria (de)	пицария (ж)	[pitsaríja]
kapperssalon (de/het)	фризьорски салон (м)	[friz¡órski salón]
postkantoor (het)	поща (ж)	[póʃta]
stomerij (de)	химическо чистене (с)	[himítʃesko tʃístene]
fotostudio (de)	фотостудио (с)	[fotostúdio]
schoenwinkel (de)	магазин (м) за обувки	[magazín za obúfki]
boekhandel (de)	книжарница (ж)	[kniʒárnitsa]
sportwinkel (de)	магазин (м) за спортни стоки	[magazín za spórtni stóki]
kledingreparatie (de)	поправка (ж) на дрехи	[popráfka na dréhi]
kledingverhuur (de)	дрехи (ж мн) под наем	[dréhi pot náem]
videotheek (de)	филми (м мн) под наем	[fílmi pot náem]
circus (de/het)	цирк (м)	[tsirk]
dierentuin (de)	зоологическа градина (ж)	[zoologítʃeska gradína]

bioscoop (de)	кино (c)	[kíno]
museum (het)	музей (м)	[muzéj]
bibliotheek (de)	библиотека (ж)	[bibliotéka]

theater (het)	театър (м)	[teátər]
opera (de)	опера (ж)	[ópera]
nachtclub (de)	нощен клуб (м)	[nóʃten klup]
casino (het)	казино (c)	[kazíno]

moskee (de)	джамия (ж)	[dʒamíja]
synagoge (de)	синагога (ж)	[sinagóga]
kathedraal (de)	катедрала (ж)	[katedrála]
tempel (de)	храм (м)	[hram]
kerk (de)	църква (ж)	[tsɜrkva]

instituut (het)	институт (м)	[institút]
universiteit (de)	университет (м)	[universitét]
school (de)	училище (c)	[utʃíliʃte]

gemeentehuis (het)	префектура (ж)	[prefektúra]
stadhuis (het)	кметство (c)	[kmétstvo]
hotel (het)	хотел (м)	[hotél]
bank (de)	банка (ж)	[bánka]

ambassade (de)	посолство (c)	[posólstvo]
reisbureau (het)	туристическа агенция (ж)	[turistítʃeska agéntsija]
informatieloket (het)	справки (м мн)	[spráfki]
wisselkantoor (het)	обменно бюро (c)	[obménno bʲúro]

| metro (de) | метро (c) | [metró] |
| ziekenhuis (het) | болница (ж) | [bólnitsa] |

| benzinestation (het) | бензиностанция (ж) | [benzino·stántsija] |
| parking (de) | паркинг (м) | [párking] |

30. Borden

gevelreclame (de)	табела (ж)	[tabéla]
opschrift (het)	надпис (м)	[nádpis]
poster (de)	постер (м)	[póster]
wegwijzer (de)	указател (м)	[ukazátel]
pijl (de)	стрелка (ж)	[strelká]

waarschuwing (verwittiging)	предпазване (c)	[predpázvane]
waarschuwingsbord (het)	предупреждение (c)	[predupreʒdénie]
waarschuwen (ww)	предупредя	[predupredʲá]

vrije dag (de)	почивен ден (м)	[potʃíven dén]
dienstregeling (de)	разписание (c)	[raspisánie]
openingsuren (mv.)	работно време (c)	[rabótno vréme]

WELKOM!	ДОБРЕ ДОШЛИ!	[dobré doʃlí]
INGANG	ВХОД	[vhot]
UITGANG	ИЗХОД	[íshot]

DUWEN	БУТНИ	[butní]
TREKKEN	ДРЪПНИ	[drəpní]
OPEN	ОТВОРЕНО	[otvóreno]
GESLOTEN	ЗАТВОРЕНО	[zatvóreno]
DAMES	ЖЕНИ	[ʒení]
HEREN	МЪЖЕ	[məʒé]
KORTING	НАМАЛЕНИЕ	[namalénie]
UITVERKOOP	РАЗПРОДАЖБА	[rasprodáʒba]
NIEUW!	НОВА СТОКА	[nóva stóka]
GRATIS	БЕЗПЛАТНО	[besplátno]
PAS OP!	ВНИМАНИЕ!	[vnimánie]
VOLGEBOEKT	НЯМА СВОБОДНИ МЕСТА	[nʲáma svobódni mestá]
GERESERVEERD	РЕЗЕРВИРАНО	[rezervírano]
ADMINISTRATIE	АДМИНИСТРАЦИЯ	[administrátsija]
ALLEEN VOOR	ЗАБРАНЕНО	[zabráneno
PERSONEEL	ЗА ВЪНШНИ ЛИЦА	za venʃni lítsa]
GEVAARLIJKE HOND	ЗЛО КУЧЕ	[zlo kútʃe]
VERBODEN TE ROKEN!	ПУШЕНЕТО ЗАБРАНЕНО!	[puʃenéto zabráneno]
NIET AANRAKEN!	НЕ ПИПАЙ!	[ne pípaj]
GEVAARLIJK	ОПАСНО	[opásno]
GEVAAR	ОПАСНОСТ	[opásnost]
HOOGSPANNING	ВИСОКО НАПРЕЖЕНИЕ	[visóko napreʒénie]
VERBODEN TE ZWEMMEN	КЪПАНЕТО ЗАБРАНЕНО	[képaneto zabranéno]
BUITEN GEBRUIK	НЕ РАБОТИ	[ne rabóti]
ONTVLAMBAAR	ОГНЕОПАСНО	[ogneopásno]
VERBODEN	ЗАБРАНЕНО	[zabranéno]
DOORGANG VERBODEN	МИНАВАНЕТО	[minávaneto
	ЗАБРАНЕНО	zabranéno]
OPGELET PAS GEVERFD	ПАЗИ СЕ ОТ БОЯТА	[pazi se ot bojáta]

31. Winkelen

kopen (ww)	купувам	[kupúvam]
aankoop (de)	покупка (ж)	[pokúpka]
winkelen (ww)	пазарувам	[pazarúvam]
winkelen (het)	пазаруване (с)	[pazarúvane]
open zijn	работя	[rabótʲa]
(ov. een winkel, enz.)		
gesloten zijn (ww)	затваря се	[zatvárʲa se]
schoeisel (het)	обувки (ж мн)	[obúfki]
kleren (mv.)	облекло (с)	[obleklό]
cosmetica (mv.)	козметика (ж)	[kozmétika]
voedingswaren (mv.)	продукти (м мн)	[prodúkti]
geschenk (het)	подарък (м)	[podárək]
verkoper (de)	продавач (м)	[prodavátʃ]

verkoopster (de)	продавачка (ж)	[prodavátʃka]
kassa (de)	каса (ж)	[kása]
spiegel (de)	огледало (с)	[ogledálo]
toonbank (de)	щанд (м)	[ʃtant]
paskamer (de)	пробна (ж)	[próbna]

aanpassen (ww)	пробвам	[próbvam]
passen (ov. kleren)	подхождам	[podhóʒdam]
bevallen (prettig vinden)	харесвам	[harésvam]

prijs (de)	цена (ж)	[tsená]
prijskaartje (het)	етикет (м)	[etikét]
kosten (ww)	струвам	[strúvam]
Hoeveel?	Колко?	[kólko]
korting (de)	намаление (с)	[namalénie]

niet duur (bn)	нескъп	[neskép]
goedkoop (bn)	евтин	[éftin]
duur (bn)	скъп	[skəp]
Dat is duur.	Това е скъпо	[tová e sképo]

verhuur (de)	под наем (м)	[pot náem]
huren (smoking, enz.)	взимам под наем	[vzímam pot náem]
krediet (het)	кредит (м)	[krédit]
op krediet (bw)	на кредит	[na krédit]

KLEDING EN ACCESSOIRES

32. Bovenkleding. Jassen

kleren (mv.)	облекло (c)	[oblekló]
bovenkleding (de)	горни дрехи (ж мн)	[górni dréhi]
winterkleding (de)	зимни дрехи (ж мн)	[zímni dréhi]
jas (de)	палто (c)	[paltó]
bontjas (de)	кожено палто (c)	[kóʒeno paltó]
bontjasje (het)	полушубка (ж)	[poluʃúpka]
donzen jas (de)	пухено яке (c)	[púheno jáke]
jasje (bijv. een leren ~)	яке (c)	[jáke]
regenjas (de)	шлифер (м)	[ʃlífer]
waterdicht (bn)	непромокаем	[nepromokáem]

33. Heren & dames kleding

overhemd (het)	риза (ж)	[ríza]
broek (de)	панталон (м)	[pantalón]
jeans (de)	дънки, джинси (мн)	[dénki], [dʒínsi]
colbert (de)	сако (c)	[sakó]
kostuum (het)	костюм (м)	[kostúm]
jurk (de)	рокля (ж)	[rókla]
rok (de)	пола (ж)	[polá]
blouse (de)	блуза (ж)	[blúza]
wollen vest (de)	жилетка (ж)	[ʒilétka]
blazer (kort jasje)	сако (c)	[sakó]
T-shirt (het)	тениска (ж)	[téniska]
shorts (mv.)	къси панталони (м мн)	[kési pantalóni]
trainingspak (het)	анцуг (м)	[ántsuk]
badjas (de)	хавлиен халат (м)	[havlíen halát]
pyjama (de)	пижама (ж)	[piʒáma]
sweater (de)	пуловер (м)	[pulóver]
pullover (de)	пуловер (м)	[pulóver]
gilet (het)	елек (м)	[elék]
rokkostuum (het)	фрак (м)	[frak]
smoking (de)	смокинг (м)	[smóking]
uniform (het)	униформа (ж)	[unifórma]
werkkleding (de)	работно облекло (c)	[rabótno oblekló]
overall (de)	гащеризон (м)	[gaʃterizón]
doktersjas (de)	бяла престилка (ж)	[bála prestílka]

34. Kleding. Ondergoed

ondergoed (het)	бельо (с)	[belʲó]
herenslip (de)	боксер (м)	[boksér]
slipjes (mv.)	прашка (ж)	[práʃka]
onderhemd (het)	потник (м)	[pótnik]
sokken (mv.)	чорапи (м мн)	[tʃorápi]
nachthemd (het)	нощница (ж)	[nóʃtnitsa]
beha (de)	сутиен (м)	[sutién]
kniekousen (mv.)	чорапи три четвърт (м мн)	[tʃorápi tri tʃétvərt]
panty (de)	чорапогащник (м)	[tʃorapogáʃtnik]
nylonkousen (mv.)	чорапи (м мн)	[tʃorápi]
badpak (het)	бански костюм (м)	[bánski kostʲúm]

35. Hoofddeksels

hoed (de)	шапка (ж)	[ʃápka]
deukhoed (de)	шапка (ж)	[ʃápka]
honkbalpet (de)	шапка (ж) с козирка	[ʃápka s kozirká]
kleppet (de)	каскет (м)	[kaskét]
baret (de)	барета (ж)	[baréta]
kap (de)	качулка (ж)	[katʃúlka]
panamahoed (de)	панама (ж)	[panáma]
gebreide muts (de)	плетена шапка (ж)	[plétena ʃápka]
hoofddoek (de)	кърпа (ж)	[kérpa]
dameshoed (de)	шапка (ж)	[ʃápka]
veiligheidshelm (de)	каска (ж)	[káska]
veldmuts (de)	пилотка (ж)	[pilótka]
helm, valhelm (de)	шлем (м)	[ʃlem]
bolhoed (de)	бомбе (с)	[bombé]
hoge hoed (de)	цилиндър (м)	[tsilíndər]

36. Schoeisel

schoeisel (het)	обувки (ж мн)	[obúfki]
schoenen (mv.)	ботинки (мн)	[botínki]
vrouwenschoenen (mv.)	обувки (ж мн)	[obúfki]
laarzen (mv.)	ботуши (м мн)	[botúʃi]
pantoffels (mv.)	чехли (м мн)	[tʃéhli]
sportschoenen (mv.)	маратонки (ж мн)	[maratónki]
sneakers (mv.)	кецове (м мн)	[kétsove]
sandalen (mv.)	сандали (мн)	[sandáli]
schoenlapper (de)	обущар (м)	[obuʃtár]
hiel (de)	ток (м)	[tok]

paar (een ~ schoenen)	чифт (м)	[tʃift]
veter (de)	връзка (ж)	[vréska]
rijgen (schoenen ~)	връзвам	[vrézvam]
schoenlepel (de)	обувалка (ж)	[obuválka]
schoensmeer (de/het)	крем (м) за обувки	[krem za obúfki]

37. Persoonlijke accessoires

handschoenen (mv.)	ръкавици (ж мн)	[rəkavítsi]
wanten (mv.)	ръкавици (ж мн)	[rəkavítsi
	с един пърст	s edín pərst]
sjaal (fleece ~)	шал (м)	[ʃal]
bril (de)	очила (мн)	[otʃilá]
brilmontuur (het)	рамка (ж) за очила	[rámka za otʃilá]
paraplu (de)	чадър (м)	[tʃadér]
wandelstok (de)	бастун (м)	[bastún]
haarborstel (de)	четка (ж) за коса	[tʃétka za kosá]
waaier (de)	ветрило (с)	[vetrílo]
das (de)	вратовръзка (ж)	[vratovrézka]
strikje (het)	папийонка (ж)	[papijónka]
bretels (mv.)	тиранти (мн)	[tiránti]
zakdoek (de)	носна кърпичка (ж)	[nósna kérpitʃka]
kam (de)	гребен (м)	[grében]
haarspeldje (het)	шнола (ж)	[ʃnóla]
schuifspeldje (het)	фиба (ж)	[fíba]
gesp (de)	катарама (ж)	[kataráma]
broekriem (de)	колан (м)	[kolán]
draagriem (de)	ремък (м)	[rémək]
handtas (de)	чанта (ж)	[tʃánta]
damestas (de)	чантичка (ж)	[tʃántitʃka]
rugzak (de)	раница (ж)	[ránitsa]

38. Kleding. Diversen

mode (de)	мода (ж)	[móda]
de mode (bn)	модерен	[modéren]
kledingstilist (de)	моделиер (м)	[modeliér]
kraag (de)	яка (ж)	[jaká]
zak (de)	джоб (м)	[dʒop]
zak- (abn)	джобен	[dʒóben]
mouw (de)	ръкав (м)	[rəkáv]
lusje (het)	закачалка (ж)	[zakatʃálka]
gulp (de)	копчелък (м)	[koptʃelék]
rits (de)	цип (м)	[tsip]
sluiting (de)	закопчалка (ж)	[zakoptʃálka]

knoop (de)	копче (c)	[kóptʃe]
knoopsgat (het)	илик (м)	[ilík]
losraken (bijv. knopen)	откъсна се	[otkésna se]

naaien (kleren, enz.)	шия	[ʃíja]
borduren (ww)	бродирам	[brodíram]
borduursel (het)	бродерия (ж)	[brodérija]
naald (de)	игла (ж)	[iglá]
draad (de)	конец (м)	[konéts]
naad (de)	тегел (м)	[tegél]

vies worden (ww)	изцапам се	[istsápam se]
vlek (de)	петно (c)	[petnó]
gekreukt raken (ov. kleren)	смачкам се	[smátʃkam se]
scheuren (ov.ww.)	скъсам	[skésam]
mot (de)	молец (м)	[moléts]

39. Persoonlijke verzorging. Schoonheidsmiddelen

tandpasta (de)	паста (ж) за зъби	[pásta za zébi]
tandenborstel (de)	четка (ж) за зъби	[tʃétka za zébi]
tanden poetsen (ww)	мия си зъбите	[míja si zébite]

scheermes (het)	бръснач (м)	[brəsnátʃ]
scheerschuim (het)	крем (м) за бръснене	[krem za brésnene]
zich scheren (ww)	бръсна се	[brésna se]

| zeep (de) | сапун (м) | [sapún] |
| shampoo (de) | шампоан (м) | [ʃampoán] |

schaar (de)	ножица (ж)	[nóʒitsa]
nagelvijl (de)	пиличка (ж) за нокти	[pílitʃka za nókti]
nagelknipper (de)	ножичка (ж) за нокти	[nóʒitʃka za nókti]
pincet (het)	пинсета (ж)	[pinséta]

cosmetica (mv.)	козметика (ж)	[kozmétika]
masker (het)	маска (ж)	[máska]
manicure (de)	маникюр (м)	[manikʲúr]
manicure doen	правя маникюр	[právʲa manikʲúr]
pedicure (de)	педикюр (м)	[pedikʲúr]

cosmetica tasje (het)	козметична чантичка (ж)	[kozmetítʃna tʃántitʃka]
poeder (de/het)	пудра (ж)	[púdra]
poederdoos (de)	пудриера (ж)	[pudriéra]
rouge (de)	руж (ж)	[ruʃ]

parfum (de/het)	парфюм (м)	[parfʲúm]
eau de toilet (de)	тоалетна вода (ж)	[toalétna vodá]
lotion (de)	лосион (м)	[losión]
eau de cologne (de)	одеколон (м)	[odekolón]

oogschaduw (de)	сенки (ж мн) за очи	[sénki za otʃí]
oogpotlood (het)	молив (м) за очи	[móliv za otʃí]
mascara (de)	спирала (ж)	[spirála]

lippenstift (de)	червило (c)	[tʃervílo]
nagellak (de)	лак (м) за нокти	[lak za nókti]
haarlak (de)	лак (м) за коса	[lak za kosá]
deodorant (de)	дезодорант (м)	[dezodoránt]
crème (de)	крем (м)	[krem]
gezichtscrème (de)	крем (м) за лице	[krem za litsé]
handcrème (de)	крем (м) за ръце	[krem za rətsé]
antirimpelcrème (de)	крем (м) срещу бръчки	[krem sreʃtú brétʃki]
dagcrème (de)	дневен крем (м)	[dnéven krem]
nachtcrème (de)	нощен крем (м)	[nóʃten krem]
dag- (abn)	дневен	[dnéven]
nacht- (abn)	нощен	[nóʃten]
tampon (de)	тампон (м)	[tampón]
toiletpapier (het)	тоалетна хартия (ж)	[toalétna hartíja]
föhn (de)	сешоар (м)	[seʃoár]

40. Horloges. Klokken

polshorloge (het)	часовник (м)	[tʃasóvnik]
wijzerplaat (de)	циферблат (м)	[tsiferblát]
wijzer (de)	стрелка (ж)	[strelká]
metalen horlogeband (de)	гривна (ж)	[grívna]
horlogebandje (het)	каишка (ж)	[kaíʃka]
batterij (de)	батерия (ж)	[batérija]
leeg zijn (ww)	батерията се изтощи	[batérijata se istoʃtí]
batterij vervangen	сменям батерия	[smén'am batérija]
voorlopen (ww)	избързвам	[izbérzvam]
achterlopen (ww)	изоставам	[izostávam]
wandklok (de)	стенен часовник (м)	[sténen tʃasóvnik]
zandloper (de)	пясъчен часовник (м)	[p'ásetʃen tʃasóvnik]
zonnewijzer (de)	слънчев часовник (м)	[sléntʃev tʃasóvnik]
wekker (de)	будилник (м)	[budílnik]
horlogemaker (de)	часовникар (м)	[tʃasovnikár]
repareren (ww)	поправям	[poprávʲam]

ALLEDAAGSE ERVARING

41. Geld

geld (het)	пари (мн)	[parí]
ruil (de)	обмяна (ж)	[obmʲána]
koers (de)	курс (м)	[kurs]
geldautomaat (de)	банкомат (м)	[bankomát]
muntstuk (de)	монета (ж)	[monéta]
dollar (de)	долар (м)	[dólar]
euro (de)	евро (с)	[évro]
lire (de)	лира (ж)	[líra]
Duitse mark (de)	марка (ж)	[márka]
frank (de)	франк (м)	[frank]
pond sterling (het)	британска лира (ж)	[británska líra]
yen (de)	йена (ж)	[jéna]
schuld (geldbedrag)	дълг (м)	[dəlk]
schuldenaar (de)	длъжник (м)	[dləʒník]
uitlenen (ww)	давам на заем	[dávam na záem]
lenen (geld ~)	взема на заем	[vzéma na záem]
bank (de)	банка (ж)	[bánka]
bankrekening (de)	сметка (ж)	[smétka]
storten (ww)	депозирам	[depozíram]
op rekening storten	внеса в сметка	[vnesá v smétka]
opnemen (ww)	тегля от сметката	[téglʲa ot smétkata]
kredietkaart (de)	кредитна карта (ж)	[kréditna kárta]
baar geld (het)	налични пари (мн)	[nalítʃni parí]
cheque (de)	чек (м)	[tʃek]
een cheque uitschrijven	подпиша чек	[potpíʃa tʃek]
chequeboekje (het)	чекова книжка (ж)	[tʃékova kníʃka]
portefeuille (de)	портфейл (м)	[portféjl]
geldbeugel (de)	портмоне (с)	[portmoné]
safe (de)	сейф (м)	[sejf]
erfgenaam (de)	наследник (м)	[naslédnik]
erfenis (de)	наследство (с)	[naslétstvo]
fortuin (het)	състояние (с)	[səstojánie]
huur (de)	наем (м)	[náem]
huurprijs (de)	наем (м)	[náem]
huren (huis, kamer)	наемам	[naémam]
prijs (de)	цена (ж)	[tsená]
kostprijs (de)	стойност (ж)	[stójnost]

som (de)	сума (ж)	[súma]
uitgeven (geld besteden)	харча	[hártʃa]
kosten (mv.)	разходи (м мн)	[ráshodi]
bezuinigen (ww)	пестя	[pestʲá]
zuinig (bn)	пестелив	[pestelíf]

betalen (ww)	плащам	[pláʃtam]
betaling (de)	плащане (с)	[pláʃtane]
wisselgeld (het)	ресто (с)	[résto]

belasting (de)	данък (м)	[dánək]
boete (de)	глоба (ж)	[glóba]
beboeten (bekeuren)	глобявам	[globʲávam]

42. Post. Postkantoor

postkantoor (het)	поща (ж)	[póʃta]
post (de)	поща (ж)	[póʃta]
postbode (de)	пощальон (м)	[poʃtalʲón]
openingsuren (mv.)	работно време (с)	[rabótno vréme]

brief (de)	писмо (с)	[pismó]
aangetekende brief (de)	препоръчано писмо (с)	[preporétʃano pismó]
briefkaart (de)	картичка (ж)	[kártiʃka]
telegram (het)	телеграма (ж)	[telegráma]
postpakket (het)	колет (м)	[kolét]
overschrijving (de)	паричен превод (м)	[parítʃen prévot]

ontvangen (ww)	получа	[polútʃa]
sturen (zenden)	изпратя	[isprátʲa]
verzending (de)	изпращане (с)	[ispráʃtane]

adres (het)	адрес (м)	[adrés]
postcode (de)	пощенски код (м)	[póʃtenski kot]
verzender (de)	подател (м)	[podátel]
ontvanger (de)	получател (м)	[polutʃátel]
naam (de)	име (с)	[íme]
achternaam (de)	фамилия (ж)	[famílija]

tarief (het)	тарифа (ж)	[tarífa]
standaard (bn)	обикновен	[obiknovén]
zuinig (bn)	икономичен	[ikonomítʃen]

gewicht (het)	тегло (с)	[tegló]
afwegen (op de weegschaal)	претеглям	[pretéglʲam]
envelop (de)	плик (м)	[plik]
postzegel (de)	марка (ж)	[márka]

43. Bankieren

| bank (de) | банка (ж) | [bánka] |
| bankfiliaal (het) | клон (м) | [klon] |

bankbediende (de)	консултант (м)	[konsultánt]
manager (de)	управител (м)	[uprávitel]

bankrekening (de)	сметка (ж)	[smétka]
rekeningnummer (het)	номер (м) на сметка	[nómer na smétka]
lopende rekening (de)	текуща сметка (ж)	[tekúʃta smétka]
spaarrekening (de)	спестовна сметка (ж)	[spestóvna smétka]

een rekening openen	откривам сметка	[otkrívam smétka]
de rekening sluiten	закривам сметка	[zakrívam smétka]
op rekening storten	депозирам в сметка	[depozíram f smétka]
opnemen (ww)	тегля от сметката	[téglʲa ot smétkata]

storting (de)	влог (м)	[vlok]
een storting maken	направя влог	[naprávʲa vlok]
overschrijving (de)	превод (м)	[prévot]
een overschrijving maken	направя превод	[naprávʲa prévot]

som (de)	сума (ж)	[súma]
Hoeveel?	Колко?	[kólko]

handtekening (de)	подпис (м)	[pótpis]
ondertekenen (ww)	подпиша	[potpíʃa]

kredietkaart (de)	кредитна карта (ж)	[kréditna kárta]
code (de)	код (м)	[kot]
kredietkaartnummer (het)	номер (м) на кредитна карта	[nómer na kréditna kárta]
geldautomaat (de)	банкомат (м)	[bankomát]

cheque (de)	чек (м)	[tʃek]
een cheque uitschrijven	подпиша чек	[potpíʃa tʃek]
chequeboekje (het)	чекова книжка (ж)	[tʃékova kníʃka]

lening, krediet (de)	кредит (м)	[krédit]
een lening aanvragen	кандидатствам за кредит	[kandidátstvam za krédit]
een lening nemen	взимам кредит	[vzímam krédit]
een lening verlenen	предоставям кредит	[predostávʲam krédit]
garantie (de)	гаранция (ж)	[garántsija]

44. Telefoon. Telefoongesprek

telefoon (de)	телефон (м)	[telefón]
mobieltje (het)	мобилен телефон (м)	[mobílen telefón]
antwoordapparaat (het)	телефонен секретар (м)	[telefónen sekretár]

bellen (ww)	обаждам се	[obáʒdam se]
belletje (telefoontje)	обаждане (с)	[obáʒdane]

een nummer draaien	набирам номер	[nabíram nómer]
Hallo!	Ало!	[álo]
vragen (ww)	питам	[pítam]
antwoorden (ww)	отговарям	[otgovárʲam]
horen (ww)	чувам	[tʃúvam]

goed (bw)	добре	[dobré]
slecht (bw)	лошо	[lóʃo]
storingen (mv.)	шумове (м мн)	[ʃúmove]

hoorn (de)	слушалка (ж)	[sluʃálka]
opnemen (ww)	вдигам слушалката	[vdígam sluʃálkata]
ophangen (ww)	затварям телефона	[zatváriam telefóna]

bezet (bn)	заета	[zaéta]
overgaan (ww)	звъня	[zveniá]
telefoonboek (het)	телефонен справочник (м)	[telefónen spravótʃnik]

lokaal (bn)	селищен	[séliʃten]
lokaal gesprek (het)	селищен разговор (м)	[séliʃten rázgovor]
interlokaal (bn)	междуградски	[meʒdugrátski]
interlokaal gesprek (het)	междуградски разговор (м)	[meʒdugrátski rázgovor]
buitenlands (bn)	международен	[meʒdunaróden]
buitenlands gesprek (het)	международен разговор (м)	[meʒdunaróden rázgovor]

45. Mobiele telefoon

mobieltje (het)	мобилен телефон (м)	[mobílen telefón]
scherm (het)	дисплей (м)	[displéj]
toets, knop (de)	бутон (м)	[butón]
simkaart (de)	SIM-карта (ж)	[sim-kárta]

batterij (de)	батерия (ж)	[batérija]
leeg zijn (ww)	изтощавам	[iztoʃtávam]
acculader (de)	зареждащо устройство (с)	[zaréʒdaʃto ustrójstvo]

menu (het)	меню (с)	[meniú]
instellingen (mv.)	настройки (ж мн)	[nastrójki]
melodie (beltoon)	мелодия (ж)	[melódija]
selecteren (ww)	избера	[izberá]

rekenmachine (de)	калкулатор (м)	[kalkulátor]
voicemail (de)	телефонен секретар (м)	[telefónen sekretár]
wekker (de)	будилник (м)	[budílnik]
contacten (mv.)	телефонен справочник (м)	[telefónen spravótʃnik]

| SMS-bericht (het) | SMS съобщение (с) | [esemés seobʃténie] |
| abonnee (de) | абонат (м) | [abonát] |

46. Schrijfbehoeften

| balpen (de) | химикалка (ж) | [himikálka] |
| vulpen (de) | перодръжка (ж) | [perodréʒka] |

potlood (het)	молив (м)	[móliv]
marker (de)	маркер (м)	[márker]
viltstift (de)	флумастер (м)	[flumáster]

| notitieboekje (het) | тефтер (м) | [teftér] |
| agenda (boekje) | ежедневник (м) | [eʒednévnik] |

liniaal (de/het)	линийка (ж)	[línijka]
rekenmachine (de)	калкулатор (м)	[kalkulátor]
gom (de)	гума (ж)	[gúma]
punaise (de)	кабърче (с)	[kábərtʃe]
paperclip (de)	кламер (м)	[klámer]

lijm (de)	лепило (с)	[lepílo]
nietmachine (de)	телбод (м)	[telbót]
perforator (de)	перфоратор (м)	[perforátor]
potloodslijper (de)	острилка (ж)	[ostrílka]

47. Vreemde talen

taal (de)	език (м)	[ezík]
vreemd (bn)	чужд	[tʃuʒd]
vreemde taal (de)	чужд език (м)	[tʃuʒd ezík]
leren (bijv. van buiten ~)	изучавам	[izutʃávam]
studeren (Nederlands ~)	уча	[útʃa]

lezen (ww)	чета	[tʃeta]
spreken (ww)	говоря	[govórʲa]
begrijpen (ww)	разбирам	[razbíram]
schrijven (ww)	пиша	[píʃa]

snel (bw)	бързо	[bérzo]
langzaam (bw)	бавно	[bávno]
vloeiend (bw)	свободно	[svobódno]

regels (mv.)	правила (с мн)	[pravilá]
grammatica (de)	граматика (ж)	[gramátika]
vocabulaire (het)	лексика (ж)	[léksika]
fonetiek (de)	фонетика (ж)	[fonétika]

leerboek (het)	учебник (м)	[utʃébnik]
woordenboek (het)	речник (м)	[rétʃnik]
leerboek (het) voor zelfstudie	самоучител (м)	[samoutʃítel]
taalgids (de)	разговорник (м)	[razgovórnik]

cassette (de)	касета (ж)	[kaséta]
videocassette (de)	видеокасета (ж)	[video·kaséta]
CD (de)	CD диск (м)	[sidí disk]
DVD (de)	DVD (м)	[dividí]

alfabet (het)	алфавит (м)	[alfavít]
spellen (ww)	спелувам	[spelúvam]
uitspraak (de)	произношение (с)	[proiznoʃénie]

accent (het)	акцент (м)	[aktsént]
met een accent (bw)	с акцент	[s aktsént]
zonder accent (bw)	без акцент	[bez aktsént]
woord (het)	дума (ж)	[dúma]

betekenis (de)	смисъл (м)	[smísəl]
cursus (de)	курсове (м мн)	[kúrsove]
zich inschrijven (ww)	запиша се	[zapíʃa se]
leraar (de)	преподавател (м)	[prepodavátel]
vertaling (een ~ maken)	превод (м)	[prévot]
vertaling (tekst)	превод (м)	[prévot]
vertaler (de)	преводач (м)	[prevodátʃ]
tolk (de)	преводач (м)	[prevodátʃ]
polyglot (de)	полиглот (м)	[poliglót]
geheugen (het)	памет (ж)	[pámet]

MAALTIJDEN. RESTAURANT

48. Tafelschikking

lepel (de)	лъжица (ж)	[ləʒítsa]
mes (het)	нож (м)	[noʒ]
vork (de)	вилица (ж)	[vílitsa]
kopje (het)	чаша (ж)	[ʧáʃa]
bord (het)	чиния (ж)	[ʧiníja]
schoteltje (het)	чинийка (ж)	[ʧiníjka]
servet (het)	салфетка (ж)	[salfétka]
tandenstoker (de)	клечка (ж) за зъби	[kléʧka za zébi]

49. Restaurant

restaurant (het)	ресторант (м)	[restoránt]
koffiehuis (het)	кафене (с)	[kafené]
bar (de)	бар (м)	[bar]
tearoom (de)	чаен салон (м)	[ʧáen salón]
kelner, ober (de)	сервитьор (м)	[servitʲór]
serveerster (de)	сервитьорка (ж)	[servitʲórka]
barman (de)	барман (м)	[bárman]
menu (het)	меню (с)	[menʲú]
wijnkaart (de)	карта (ж) на виното	[kárta na vínoto]
een tafel reserveren	резервирам масичка	[rezervíram másiʧka]
gerecht (het)	ядене (с)	[jádene]
bestellen (eten ~)	поръчам	[poréʧam]
een bestelling maken	правя поръчка	[právʲa poréʧka]
aperitief (de/het)	аперитив (м)	[aperitív]
voorgerecht (het)	мезе (с)	[mezé]
dessert (het)	десерт (м)	[desért]
rekening (de)	сметка (ж)	[smétka]
de rekening betalen	плащам сметка	[pláʃtam smétka]
wisselgeld teruggeven	връщам ресто	[vréʃtam résto]
fooi (de)	бакшиш (м)	[bakʃíʃ]

50. Maaltijden

eten (het)	храна (ж)	[hraná]
eten (ww)	ям	[jam]

ontbijt (het)	закуска (ж)	[zakúska]
ontbijten (ww)	закусвам	[zakúsvam]
lunch (de)	обяд (м)	[obʲát]
lunchen (ww)	обядвам	[obʲádvam]
avondeten (het)	вечеря (ж)	[vetʃérʲa]
souperen (ww)	вечерям	[vetʃérʲam]

| eetlust (de) | апетит (м) | [apetít] |
| Eet smakelijk! | Добър апетит! | [dobér apetít] |

openen (een fles ~)	отварям	[otvárʲam]
morsen (koffie, enz.)	излея	[izléja]
zijn gemorst	излея се	[izléja se]

koken (water kookt bij 100°C)	вря	[vrʲa]
koken (Hoe om water te ~)	варя до кипване	[varʲá do kípvane]
gekookt (~ water)	преварен	[prevarén]
afkoelen (koeler maken)	охладя	[ohladʲá]
afkoelen (koeler worden)	изстудявам се	[isstudʲávam se]

| smaak (de) | вкус (м) | [fkus] |
| nasmaak (de) | привкус (м) | [prífkus] |

volgen een dieet	отслабвам	[otslábvam]
dieet (het)	диета (ж)	[diéta]
vitamine (de)	витамин (м)	[vitamín]
calorie (de)	калория (ж)	[kalórija]
vegetariër (de)	вегетарианец (м)	[vegetariánets]
vegetarisch (bn)	вегетариански	[vegetariánski]

vetten (mv.)	мазнини (ж мн)	[maznií]
eiwitten (mv.)	белтъчини (ж мн)	[beltətʃiní]
koolhydraten (mv.)	въглехидрати (м мн)	[vəglehidráti]
snede (de)	резенче (с)	[rézentʃe]
stuk (bijv. een ~ taart)	парче (с)	[partʃé]
kruimel (de)	троха (ж)	[trohá]

51. Bereide gerechten

gerecht (het)	ястие (с)	[jástie]
keuken (bijv. Franse ~)	кухня (ж)	[kúhnʲa]
recept (het)	рецепта (ж)	[retsépta]
portie (de)	порция (ж)	[pórtsija]

| salade (de) | салата (ж) | [saláta] |
| soep (de) | супа (ж) | [súpa] |

bouillon (de)	бульон (м)	[buljón]
boterham (de)	сандвич (м)	[sándvitʃ]
spiegelei (het)	пържени яйца (с мн)	[pérʒeni jajtsá]

hamburger (de)	хамбургер (м)	[hámburger]
biefstuk (de)	бифтек (м)	[bifték]
garnering (de)	гарнитура (ж)	[garnitúra]

spaghetti (de)	спагети (мн)	[spagéti]
aardappelpuree (de)	картофено пюре (с)	[kartófeno pʲuré]
pizza (de)	пица (ж)	[pítsa]
pap (de)	каша (ж)	[káʃa]
omelet (de)	омлет (м)	[omlét]
gekookt (in water)	варен	[varén]
gerookt (bn)	пушен	[púʃen]
gebakken (bn)	пържен	[pérʒen]
gedroogd (bn)	сушен	[suʃén]
diepvries (bn)	замразен	[zamrazén]
gemarineerd (bn)	маринован	[marinóvan]
zoet (bn)	сладък	[sládək]
gezouten (bn)	солен	[solén]
koud (bn)	студен	[studén]
heet (bn)	горещ	[goréʃt]
bitter (bn)	горчив	[gortʃív]
lekker (bn)	вкусен	[fkúsen]
koken (in kokend water)	готвя	[gótvʲa]
bereiden (avondmaaltijd ~)	готвя	[gótvʲa]
bakken (ww)	пържа	[pérʒa]
opwarmen (ww)	затоплям	[zatóplʲam]
zouten (ww)	соля	[solʲá]
peperen (ww)	слагам пипер	[slágam pipér]
raspen (ww)	стъргам	[stérgam]
schil (de)	кожа (ж)	[kóʒa]
schillen (ww)	беля	[bélʲa]

52. Voedsel

vlees (het)	месо (с)	[mesó]
kip (de)	кокошка (ж)	[kokóʃka]
kuiken (het)	пиле (с)	[píle]
eend (de)	патица (ж)	[pátitsa]
gans (de)	гъска (ж)	[géska]
wild (het)	дивеч (ж)	[dívetʃ]
kalkoen (de)	пуйка (ж)	[pújka]
varkensvlees (het)	свинско (с)	[svínsko]
kalfsvlees (het)	телешко месо (с)	[téleʃko mesó]
schapenvlees (het)	агнешко (с)	[ágneʃko]
rundvlees (het)	говеждо (с)	[govéʒdo]
konijnenvlees (het)	питомен заек (м)	[pítomen záek]
worst (de)	салам (м)	[salám]
saucijs (de)	кренвирш (м)	[krénvirʃ]
spek (het)	бекон (м)	[bekón]
ham (de)	шунка (ж)	[ʃúnka]
gerookte achterham (de)	бут (м)	[but]
paté (de)	пастет (м)	[pastét]
lever (de)	черен дроб (м)	[tʃéren drop]

| gehakt (het) | кайма (ж) | [kajmá] |
| tong (de) | език (м) | [ezík] |

ei (het)	яйце (с)	[jajtsé]
eieren (mv.)	яйца (с мн)	[jajtsá]
eiwit (het)	белтък (м)	[belték]
eigeel (het)	жълтък (м)	[ʒəlték]

vis (de)	риба (ж)	[ríba]
zeevruchten (mv.)	морски продукти (м мн)	[mórski prodúkti]
kaviaar (de)	хайвер (м)	[hajvér]

krab (de)	морски рак (м)	[mórski rak]
garnaal (de)	скарида (ж)	[skarída]
oester (de)	стрида (ж)	[strída]
langoest (de)	лангуста (ж)	[langústa]
octopus (de)	октопод (м)	[oktopót]
inktvis (de)	калмар (м)	[kalmár]

steur (de)	есетра (ж)	[esétra]
zalm (de)	сьомга (ж)	[sʲómga]
heilbot (de)	палтус (м)	[páltus]

kabeljauw (de)	треска (ж)	[tréska]
makreel (de)	скумрия (ж)	[skumríja]
tonijn (de)	риба тон (м)	[ríba ton]
paling (de)	змиорка (ж)	[zmiórka]

forel (de)	пъстърва (ж)	[pəstérva]
sardine (de)	сардина (ж)	[sardína]
snoek (de)	щука (ж)	[ʃtúka]
haring (de)	селда (ж)	[sélda]

brood (het)	хляб (м)	[hlʲap]
kaas (de)	кашкавал (м)	[kaʃkavál]
suiker (de)	захар (ж)	[záhar]
zout (het)	сол (ж)	[sol]

rijst (de)	ориз (м)	[oríz]
pasta (de)	макарони (мн)	[makaróni]
noedels (mv.)	юфка (ж)	[jufká]

boter (de)	краве масло (с)	[kráve masló]
plantaardige olie (de)	олио (с)	[ólio]
zonnebloemolie (de)	слънчогледово масло (с)	[slənʧoglédovo máslo]
margarine (de)	маргарин (м)	[margarín]

| olijven (mv.) | маслини (ж мн) | [maslíni] |
| olijfolie (de) | зехтин (м) | [zehtín] |

melk (de)	мляко (с)	[mlʲáko]
gecondenseerde melk (de)	сгъстено мляко (с)	[sgəsténo mlʲáko]
yoghurt (de)	йогурт (м)	[jógurt]
zure room (de)	сметана (ж)	[smetána]
room (de)	каймак (м)	[kajmák]
mayonaise (de)	майонеза (ж)	[majonéza]

crème (de)	крем (м)	[krem]
graan (het)	грис, булгур (м)	[gris], [bulgúr]
meel (het), bloem (de)	брашно (с)	[braʃnó]
conserven (mv.)	консерви (ж мн)	[konsérvi]

maïsvlokken (mv.)	царевичен флейкс (м)	[tsárevitʃen flejks]
honing (de)	мед (м)	[met]
jam (de)	конфитюр (м)	[konfitʲúr]
kauwgom (de)	дъвка (ж)	[défka]

53. Drankjes

water (het)	вода (ж)	[vodá]
drinkwater (het)	питейна вода (ж)	[pitéjna vodá]
mineraalwater (het)	минерална вода (ж)	[minerálna vodá]

zonder gas	негазирана	[negazíran]
koolzuurhoudend (bn)	газирана	[gazíran]
bruisend (bn)	газирана	[gazíran]
ijs (het)	лед (м)	[let]
met ijs	с лед	[s let]

alcohol vrij (bn)	безалкохолен	[bezalkohólen]
alcohol vrije drank (de)	безалкохолна напитка (ж)	[bezalkohólna napítka]
frisdrank (de)	разхладителна напитка (ж)	[rashladítelna napítka]
limonade (de)	лимонада (ж)	[limonáda]

alcoholische dranken (mv.)	спиртни напитки (ж мн)	[spírtni napítki]
wijn (de)	вино (с)	[víno]
witte wijn (de)	бяло вино (с)	[bʲálo víno]
rode wijn (de)	червено вино (с)	[tʃervéno víno]

likeur (de)	ликьор (м)	[likʲór]
champagne (de)	шампанско (с)	[ʃampánsko]
vermout (de)	вермут (м)	[vermút]

whisky (de)	уиски (с)	[wíski]
wodka (de)	водка (ж)	[vótka]
gin (de)	джин (м)	[dʒin]
cognac (de)	коняк (м)	[konʲák]
rum (de)	ром (м)	[rom]

koffie (de)	кафе (с)	[kafé]
zwarte koffie (de)	черно кафе (с)	[tʃérno kafé]
koffie (de) met melk	кафе (с) с мляко	[kafé s mlʲáko]
cappuccino (de)	кафе (с) със сметана	[kafé səs smetána]
oploskoffie (de)	разтворимо кафе (с)	[rastvorímo kafé]

melk (de)	мляко (с)	[mlʲáko]
cocktail (de)	коктейл (м)	[koktéjl]
milkshake (de)	млечен коктейл (м)	[mlétʃen koktéjl]

| sap (het) | сок (м) | [sok] |
| tomatensap (het) | доматен сок (м) | [domáten sok] |

| sinaasappelsap (het) | портокалов сок (м) | [portokálov sok] |
| vers geperst sap (het) | фреш (м) | [freʃ] |

bier (het)	бира (ж)	[bíra]
licht bier (het)	светла бира (ж)	[svétla bíra]
donker bier (het)	тъмна бира (ж)	[témna bíra]

thee (de)	чай (м)	[tʃaj]
zwarte thee (de)	черен чай (м)	[tʃéren tʃaj]
groene thee (de)	зелен чай (м)	[zelén tʃaj]

54. Groenten

| groenten (mv.) | зеленчуци (м мн) | [zelentʃútsi] |
| verse kruiden (mv.) | зарзават (м) | [zarzavát] |

tomaat (de)	домат (м)	[domát]
augurk (de)	краставица (ж)	[krástavitsa]
wortel (de)	морков (м)	[mórkof]
aardappel (de)	картофи (мн)	[kartófi]
ui (de)	лук (м)	[luk]
knoflook (de)	чесън (м)	[tʃésən]

kool (de)	зеле (с)	[zéle]
bloemkool (de)	карфиол (м)	[karfiól]
spruitkool (de)	брюкселско зеле (с)	[brʲúkselsko zéle]
broccoli (de)	броколи (с)	[brókoli]
rode biet (de)	цвекло (с)	[tsveklɔ́]
aubergine (de)	патладжан (м)	[patladʒán]
courgette (de)	тиквичка (ж)	[tíkvitʃka]
pompoen (de)	тиква (ж)	[tíkva]
raap (de)	ряпа (ж)	[rʲápa]

peterselie (de)	магданоз (м)	[magdanóz]
dille (de)	копър (м)	[kópər]
sla (de)	салата (ж)	[saláta]
selderij (de)	целина (ж)	[tsélina]
asperge (de)	аспержа (ж)	[aspérʒa]
spinazie (de)	спанак (м)	[spanák]
erwt (de)	грах (м)	[grah]
bonen (mv.)	боб (м)	[bop]
maïs (de)	царевица (ж)	[tsárevitsa]
nierboon (de)	фасул (м)	[fasúl]

peper (de)	пипер (м)	[pipér]
radijs (de)	репичка (ж)	[répitʃka]
artisjok (de)	ангинар (м)	[anginár]

55. Vruchten. Noten

| vrucht (de) | плод (м) | [plot] |
| appel (de) | ябълка (ж) | [jábəlka] |

peer (de)	круша (ж)	[krúʃa]
citroen (de)	лимон (м)	[limón]
sinaasappel (de)	портокал (м)	[portokál]
aardbei (de)	ягода (ж)	[jágoda]

mandarijn (de)	мандарина (ж)	[mandarína]
pruim (de)	слива (ж)	[slíva]
perzik (de)	праскова (ж)	[práskova]
abrikoos (de)	кайсия (ж)	[kajsíja]
framboos (de)	малина (ж)	[malína]
ananas (de)	ананас (м)	[ananás]

banaan (de)	банан (м)	[banán]
watermeloen (de)	диня (ж)	[dínʲa]
druif (de)	грозде (с)	[grózde]
zure kers (de)	вишна (ж)	[víʃna]
zoete kers (de)	череша (ж)	[tʃeréʃa]
meloen (de)	пъпеш (м)	[pɘpeʃ]

grapefruit (de)	грейпфрут (м)	[gréjpfrut]
avocado (de)	авокадо (с)	[avokádo]
papaja (de)	папая (ж)	[papája]
mango (de)	манго (с)	[mángo]
granaatappel (de)	нар (м)	[nar]

rode bes (de)	червено френско грозде (с)	[tʃervéno frénsko grózde]
zwarte bes (de)	черно френско грозде (с)	[tʃérno frénsko grózde]
kruisbes (de)	цариградско грозде (с)	[tsarigrátsko grózde]
blauwe bosbes (de)	боровинки (ж мн)	[borovínki]
braambes (de)	къпина (ж)	[kɘpína]

rozijn (de)	стафиди (ж мн)	[stafídi]
vijg (de)	смокиня (ж)	[smokínʲa]
dadel (de)	фурма (ж)	[furmá]

pinda (de)	фъстък (м)	[fɘsték]
amandel (de)	бадем (м)	[badém]
walnoot (de)	орех (м)	[óreh]
hazelnoot (de)	лешник (м)	[léʃnik]
kokosnoot (de)	кокосов орех (м)	[kokósov óreh]
pistaches (mv.)	шамфъстъци (м мн)	[ʃamfɘstétsi]

56. Brood. Snoep

suikerbakkerij (de)	сладкарски изделия (с мн)	[slatkárski izdélija]
brood (het)	хляб (м)	[hlʲap]
koekje (het)	бисквити (ж мн)	[biskvíti]

chocolade (de)	шоколад (м)	[ʃokolát]
chocolade- (abn)	шоколадов	[ʃokoládov]
snoepje (het)	бонбон (м)	[bonbón]
cakeje (het)	паста (ж)	[pásta]
taart (bijv. verjaardags~)	торта (ж)	[tórta]

| pastei (de) | пирог (м) | [pirók] |
| vulling (de) | плънка (ж) | [plénka] |

confituur (de)	сладко (с)	[slátko]
marmelade (de)	мармалад (м)	[marmalát]
wafel (de)	вафли (ж мн)	[váfli]
ijsje (het)	сладолед (м)	[sladolét]

57. Kruiden

zout (het)	сол (ж)	[sol]
gezouten (bn)	солен	[solén]
zouten (ww)	соля	[soľá]

zwarte peper (de)	черен пипер (м)	[ʧéren pipér]
rode peper (de)	червен пипер (м)	[ʧervén pipér]
mosterd (de)	горчица (ж)	[gorʧítsa]
mierikswortel (de)	хрян (м)	[hrʲan]

condiment (het)	подправка (ж)	[podpráfka]
specerij, kruiderij (de)	подправка (ж)	[podpráfka]
saus (de)	сос (м)	[sos]
azijn (de)	оцет (м)	[otsét]

anijs (de)	анасон (м)	[anasón]
basilicum (de)	босилек (м)	[bosílek]
kruidnagel (de)	карамфил (м)	[karamfíl]
gember (de)	джинджифил (м)	[dʒindʒifíl]
koriander (de)	кориандър (м)	[koriándər]
kaneel (de/het)	канела (ж)	[kanéla]

sesamzaad (het)	сусам (м)	[susám]
laurierblad (het)	дафинов лист (м)	[dafínov list]
paprika (de)	червен пипер (м)	[ʧervén pipér]
komijn (de)	черен тмин (м)	[ʧéren tmin]
saffraan (de)	шафран (м)	[ʃafrán]

PERSOONLIJKE INFORMATIE. FAMILIE

58. Persoonlijke informatie. Formulieren

naam (de)	име (c)	[íme]
achternaam (de)	фамилия (ж)	[famílija]
geboortedatum (de)	дата (ж) на раждане	[dáta na ráჳdane]
geboorteplaats (de)	място (c) на раждане	[mʲásto na ráჳdane]
nationaliteit (de)	националност (ж)	[natsionálnost]
woonplaats (de)	местожителство (c)	[mestoჳítelstvo]
land (het)	страна (ж)	[straná]
beroep (het)	професия (ж)	[profésija]
geslacht	пол (м)	[pol]
(ov. het vrouwelijk ~)		
lengte (de)	ръст (м)	[rəst]
gewicht (het)	тегло (c)	[tegló]

59. Familieleden. Verwanten

moeder (de)	майка (ж)	[májka]
vader (de)	баща (м)	[baʃtá]
zoon (de)	син (м)	[sin]
dochter (de)	дъщеря (ж)	[dəʃterʲá]
jongste dochter (de)	по-малка дъщеря (ж)	[po-málka dəʃterʲá]
jongste zoon (de)	по-малък син (м)	[po-málək sin]
oudste dochter (de)	по-голяма дъщеря (ж)	[po-golʲáma dəʃterʲá]
oudste zoon (de)	по-голям син (м)	[po-golʲám sin]
broer (de)	брат (м)	[brat]
zuster (de)	сестра (ж)	[sestrá]
neef (zoon van oom, tante)	братовчед (м)	[bratovtʃét]
nicht (dochter van oom, tante)	братовчедка (ж)	[bratovtʃétka]
mama (de)	мама (ж)	[máma]
papa (de)	татко (м)	[tátko]
ouders (mv.)	родители (м мн)	[rodíteli]
kind (het)	дете (c)	[deté]
kinderen (mv.)	деца (c мн)	[detsá]
oma (de)	баба (ж)	[bába]
opa (de)	дядо (м)	[dʲádo]
kleinzoon (de)	внук (м)	[vnuk]
kleindochter (de)	внучка (ж)	[vnútʃka]
kleinkinderen (mv.)	внуци (м мн)	[vnútsi]

oom (de)	вуйчо (м)	[vújtʃo]
tante (de)	леля (ж)	[lélʲa]
neef (zoon van broer, zus)	племенник (м)	[plémennik]
nicht (dochter van broer, zus)	племенница (ж)	[plémennitsa]

schoonmoeder (de)	тъща (ж)	[téʃta]
schoonvader (de)	свекър (м)	[svékər]
schoonzoon (de)	зет (м)	[zet]
stiefmoeder (de)	мащеха (ж)	[máʃteha]
stiefvader (de)	пастрок (м)	[pástrok]

zuigeling (de)	кърмаче (с)	[kərmátʃe]
wiegenkind (het)	бебе (с)	[bébe]
kleuter (de)	момченце (с)	[momtʃéntse]

vrouw (de)	жена (ж)	[ʒená]
man (de)	мъж (м)	[məʒ]
echtgenoot (de)	съпруг (м)	[səprúk]
echtgenote (de)	съпруга (ж)	[səprúga]

gehuwd (mann.)	женен	[ʒénen]
gehuwd (vrouw.)	омъжена	[oméʒena]
ongehuwd (mann.)	неженен	[neʒénen]
vrijgezel (de)	ерген (м)	[ergén]
gescheiden (bn)	разведен	[razvéden]
weduwe (de)	вдовица (ж)	[vdovítsa]
weduwnaar (de)	вдовец (м)	[vdovéts]

familielid (het)	роднина (м, ж)	[rodnína]
dichte familielid (het)	близък роднина (м)	[blízək rodnína]
verre familielid (het)	далечен роднина (м)	[dalétʃen rodnína]
familieleden (mv.)	роднини (мн)	[rodníni]

wees (de), weeskind (het)	сирак (м)	[sirák]
voogd (de)	опекун (м)	[opekún]
adopteren (een jongen te ~)	осиновявам	[osinovʲávam]
adopteren (een meisje te ~)	осиновявам момиче	[osinovʲávam momítʃe]

60. Vrienden. Collega's

vriend (de)	приятел (м)	[prijátel]
vriendin (de)	приятелка (ж)	[prijátelka]
vriendschap (de)	приятелство (с)	[prijátelstvo]
bevriend zijn (ww)	дружа	[druʒá]

makker (de)	приятел (м)	[prijátel]
vriendin (de)	приятелка (ж)	[prijátelka]
partner (de)	партньор (м)	[partnʲór]

chef (de)	шеф (м)	[ʃef]
baas (de)	началник (м)	[natʃálnik]
ondergeschikte (de)	подчинен (м)	[podtʃinén]
collega (de)	колега (м, ж)	[koléga]
kennis (de)	познат (м)	[poznát]

| medereiziger (de) | спътник (м) | [spétnik] |
| klasgenoot (de) | съученик (м) | [səutʃeník] |

buurman (de)	съсед (м)	[səsét]
buurvrouw (de)	съседка (ж)	[səsétka]
buren (mv.)	съседи (м мн)	[səsédi]

MENSELIJK LICHAAM. GENEESKUNDE

61. Hoofd

hoofd (het)	глава (ж)	[glavá]
gezicht (het)	лице (с)	[litsé]
neus (de)	нос (м)	[nos]
mond (de)	уста (ж)	[ustá]
oog (het)	око (с)	[okó]
ogen (mv.)	очи (с мн)	[otʃí]
pupil (de)	зеница (ж)	[zénitsa]
wenkbrauw (de)	вежда (ж)	[véʒda]
wimper (de)	мигла (ж)	[mígla]
ooglid (het)	клепач (м)	[klepátʃ]
tong (de)	език (м)	[ezík]
tand (de)	зъб (м)	[zəp]
lippen (mv.)	устни (ж мн)	[ústni]
jukbeenderen (mv.)	скули (ж мн)	[skúli]
tandvlees (het)	венец (м)	[venéts]
gehemelte (het)	небце (с)	[nebtsé]
neusgaten (mv.)	ноздри (ж мн)	[nózdri]
kin (de)	брадичка (ж)	[bradítʃka]
kaak (de)	челюст (ж)	[tʃélʲust]
wang (de)	буза (ж)	[búza]
voorhoofd (het)	чело (с)	[tʃeló]
slaap (de)	слепоочие (с)	[slepoótʃie]
oor (het)	ухо (с)	[uhó]
achterhoofd (het)	тил (м)	[til]
hals (de)	шия (ж)	[ʃíja]
keel (de)	гърло (с)	[gérlo]
haren (mv.)	коса (ж)	[kosá]
kapsel (het)	прическа (ж)	[pritʃéska]
haarsnit (de)	подстригване (с)	[potstrígvane]
pruik (de)	перука (ж)	[perúka]
snor (de)	мустаци (м мн)	[mustátsi]
baard (de)	брада (ж)	[bradá]
dragen (een baard, enz.)	нося	[nósʲa]
vlecht (de)	коса (ж)	[kosá]
bakkebaarden (mv.)	бакенбарди (мн)	[bakenbárdi]
ros (roodachtig, rossig)	червенокос	[tʃervenokós]
grijs (~ haar)	беловлас	[belovlás]
kaal (bn)	плешив	[pleʃív]
kale plek (de)	плешивина (ж)	[pleʃiviná]

| paardenstaart (de) | опашка (ж) | [opáʃka] |
| pony (de) | бретон (м) | [bretón] |

62. Menselijk lichaam

| hand (de) | китка (ж) | [kítka] |
| arm (de) | ръка (ж) | [rəká] |

vinger (de)	пръст (м)	[prəst]
teen (de)	пръст (м) на крак	[prəst na krak]
duim (de)	палец (м)	[pálets]
pink (de)	кутре (с)	[kutré]
nagel (de)	нокът (м)	[nókət]

vuist (de)	юмрук (м)	[jumrúk]
handpalm (de)	длан (ж)	[dlan]
pols (de)	китка (ж)	[kítka]
voorarm (de)	предмишница (ж)	[predmíʃnitsa]
elleboog (de)	лакът (м)	[lákət]
schouder (de)	рамо (с)	[rámo]

been (rechter ~)	крак (м)	[krak]
voet (de)	ходило (с)	[hodílo]
knie (de)	коляно (с)	[kolʲáno]
kuit (de)	прасец (м)	[praséts]
heup (de)	бедро (с)	[bedró]
hiel (de)	пета (ж)	[petá]

lichaam (het)	тяло (с)	[tʲálo]
buik (de)	корем (м)	[korém]
borst (de)	гръд (ж)	[grəd]
borst (de)	женска гръд (ж)	[ʒénska grəd]
zijde (de)	страна (ж)	[straná]
rug (de)	гръб (м)	[grəp]
lage rug (de)	кръст (м)	[krəst]
taille (de)	талия (ж)	[tálija]

navel (de)	пъп (м)	[pəp]
billen (mv.)	седалище (с)	[sedáliʃte]
achterwerk (het)	задник (м)	[zádnik]

huidvlek (de)	бенка (ж)	[bénka]
moedervlek (de)	родилно петно (с)	[rodílno petnó]
tatoeage (de)	татуировка (ж)	[tatuirófka]
litteken (het)	белег (м)	[bélek]

63. Ziekten

ziekte (de)	болест (ж)	[bólest]
ziek zijn (ww)	боледувам	[boledúvam]
gezondheid (de)	здраве (с)	[zdráve]
snotneus (de)	хрема (ж)	[hréma]

angina (de)	ангина (ж)	[angína]
verkoudheid (de)	настинка (ж)	[nastínka]
verkouden raken (ww)	настина	[nastína]
bronchitis (de)	бронхит (м)	[bronhít]
longontsteking (de)	пневмония (ж)	[pnevmoníja]
griep (de)	грип (м)	[grip]
bijziend (bn)	късоглед	[kəsoglét]
verziend (bn)	далекоглед	[dalekoglét]
scheelheid (de)	кривогледство (с)	[krivoglétstvo]
scheel (bn)	кривоглед	[krivoglét]
grauwe staar (de)	катаракта (ж)	[katarákta]
glaucoom (het)	глаукома (ж)	[glaukóma]
beroerte (de)	инсулт (м)	[insúlt]
hartinfarct (het)	инфаркт (м)	[infárkt]
myocardiaal infarct (het)	инфаркт (м) на миокарда	[infárkt na miokárda]
verlamming (de)	парализа (ж)	[paráliza]
verlammen (ww)	парализирам	[paralizíram]
allergie (de)	алергия (ж)	[alérgija]
astma (de/het)	астма (ж)	[ástma]
diabetes (de)	диабет (м)	[diabét]
tandpijn (de)	зъбобол (м)	[zəboból]
tandbederf (het)	кариес (м)	[káries]
diarree (de)	диария (ж)	[diárija]
constipatie (de)	запек (м)	[zápek]
maagstoornis (de)	разстройство (с) на стомаха	[rastrójstvo na stomáha]
voedselvergiftiging (de)	отравяне (с)	[otrávʲane]
voedselvergiftiging oplopen	отровя се	[otróvʲa se]
artritis (de)	артрит (м)	[artrít]
rachitis (de)	рахит (м)	[rahít]
reuma (het)	ревматизъм (м)	[revmatízəm]
arteriosclerose (de)	атеросклероза (ж)	[ateroskleróza]
gastritis (de)	гастрит (м)	[gastrít]
blindedarmontsteking (de)	апандисит (м)	[apandisít]
galblaasontsteking (de)	холецистит (м)	[holetsistít]
zweer (de)	язва (ж)	[jázva]
mazelen (mv.)	дребна шарка (ж)	[drébna ʃárka]
rodehond (de)	шарка (ж)	[ʃárka]
geelzucht (de)	жълтеница (ж)	[ʒəltenítsa]
leverontsteking (de)	хепатит (м)	[hepatít]
schizofrenie (de)	шизофрения (ж)	[ʃizofreníja]
dolheid (de)	бяс (м)	[bʲas]
neurose (de)	невроза (ж)	[nevróza]
hersenschudding (de)	сътресение (с) на мозъка	[sətresénie na mózəka]
kanker (de)	рак (м)	[rak]
sclerose (de)	склероза (ж)	[skleróza]

multiple sclerose (de)	множествена склероза (ж)	[mnóʒestvena skleróza]
alcoholisme (het)	алкохолизъм (м)	[alkoholízəm]
alcoholicus (de)	алкохолик (м)	[alkoholík]
syfilis (de)	сифилис (м)	[sífilis]
AIDS (de)	СПИН (м)	[spin]

tumor (de)	тумор (м)	[túmor]
kwaadaardig (bn)	злокачествен	[zlokátʃestven]
goedaardig (bn)	доброкачествен	[dobrokátʃestven]

koorts (de)	треска (ж)	[tréska]
malaria (de)	малария (ж)	[malárija]
gangreen (het)	гангрена (ж)	[gangréna]
zeeziekte (de)	морска болест (ж)	[mórska bólest]
epilepsie (de)	епилепсия (ж)	[epilépsija]

epidemie (de)	епидемия (ж)	[epidémija]
tyfus (de)	тиф (м)	[tif]
tuberculose (de)	туберкулоза (ж)	[tuberkulóza]
cholera (de)	холера (ж)	[holéra]
pest (de)	чума (ж)	[tʃúma]

64. Symptomen. Behandelingen. Deel 1

symptoom (het)	симптом (м)	[simptóm]
temperatuur (de)	температура (ж)	[temperatúra]
verhoogde temperatuur (de)	висока температура (ж)	[visóka temperatúra]
polsslag (de)	пулс (м)	[puls]

duizeling (de)	световъртеж (м)	[svetovərtéʃ]
heet (erg warm)	горещ	[goréʃt]
koude rillingen (mv.)	тръпки (ж мн)	[trépki]
bleek (bn)	бледен	[bléden]

hoest (de)	кашлица (ж)	[káʃlitsa]
hoesten (ww)	кашлям	[káʃlʲam]
niezen (ww)	кихам	[kíham]
flauwte (de)	припадък (м)	[pripádək]
flauwvallen (ww)	припадна	[pripádna]

blauwe plek (de)	синина (ж)	[sininá]
buil (de)	подутина (ж)	[podutiná]
zich stoten (ww)	ударя се	[udárʲa se]
kneuzing (de)	натъртване (с)	[natértvane]
kneuzen (gekneusd zijn)	ударя се	[udárʲa se]

hinken (ww)	куцам	[kútsam]
verstuiking (de)	изкълчване (с)	[iskéltʃvane]
verstuiken (enkel, enz.)	навехна	[navéhna]
breuk (de)	фрактура (ж)	[fraktúra]
een breuk oplopen	счупя	[stʃúpʲa]

| snijwond (de) | порязване (с) | [porʲázvane] |
| zich snijden (ww) | порежа се | [poréʒa se] |

bloeding (de)	кръвотечение (c)	[krəvotetʃénie]
brandwond (de)	изгаряне (c)	[izgárⁱane]
zich branden (ww)	опаря се	[opárⁱa se]
prikken (ww)	бодна	[bódna]
zich prikken (ww)	убода се	[ubodá se]
blesseren (ww)	нараня	[naranⁱá]
blessure (letsel)	рана (ж)	[rána]
wond (de)	рана (ж)	[rána]
trauma (het)	травма (ж)	[trávma]
ijlen (ww)	бълнувам	[bəlnúvam]
stotteren (ww)	заеквам	[zaékvam]
zonnesteek (de)	слънчев удар (м)	[slénʧev údar]

65. Symptomen. Behandelingen. Deel 2

pijn (de)	болка (ж)	[bólka]
splinter (de)	трънче (c)	[trénʧe]
zweet (het)	пот (ж)	[pot]
zweten (ww)	потя се	[potⁱá se]
braking (de)	повръщане (c)	[povréʃtane]
stuiptrekkingen (mv.)	гърчове (м мн)	[gérʧove]
zwanger (bn)	бременна	[brémenna]
geboren worden (ww)	родя се	[rodⁱá se]
geboorte (de)	раждане (c)	[ráʒdane]
baren (ww)	раждам	[ráʒdam]
abortus (de)	аборт (м)	[abórt]
ademhaling (de)	дишане (c)	[díʃane]
inademing (de)	вдишване (c)	[vdíʃvane]
uitademing (de)	издишване (c)	[izdíʃvane]
uitademen (ww)	издишам	[izdíʃam]
inademen (ww)	направя вдишване	[naprávⁱa vdíʃvane]
invalide (de)	инвалид (м)	[invalít]
gehandicapte (de)	сакат човек (м)	[sakát ʧovék]
drugsverslaafde (de)	наркоман (м)	[narkomán]
doof (bn)	глух	[gluh]
stom (bn)	ням	[nⁱam]
doofstom (bn)	глухоням	[gluhonⁱám]
krankzinnig (bn)	луд	[lut]
krankzinnige (man)	луд (м)	[lut]
krankzinnige (vrouw)	луда (ж)	[lúda]
krankzinnig worden	полудея	[poludéja]
gen (het)	ген (м)	[gen]
immuniteit (de)	имунитет (м)	[imunitét]
erfelijk (bn)	наследствен	[naslétstven]
aangeboren (bn)	вроден	[vrodén]

virus (het)	вирус (м)	[vírus]
microbe (de)	микроб (м)	[mikróp]
bacterie (de)	бактерия (ж)	[baktérija]
infectie (de)	инфекция (ж)	[inféktsija]

66. Symptomen. Behandelingen. Deel 3

ziekenhuis (het)	болница (ж)	[bólnitsa]
patiënt (de)	пациент (м)	[patsiént]
diagnose (de)	диагноза (ж)	[diagnóza]
genezing (de)	лекуване (с)	[lekúvane]
medische behandeling (de)	лекуване (с)	[lekúvane]
onder behandeling zijn	лекувам се	[lekúvam se]
behandelen (ww)	лекувам	[lekúvam]
zorgen (zieken ~)	грижа се	[gríʒa se]
ziekenzorg (de)	грижа (ж)	[gríʒa]
operatie (de)	операция (ж)	[operátsija]
verbinden (een arm ~)	превържа	[prevérʒa]
verband (het)	превързване (с)	[prevérzvane]
vaccin (het)	ваксиниране (с)	[vaksinírane]
inenten (vaccineren)	ваксинирам	[vaksiníram]
injectie (de)	инжекция (ж)	[inʒéktsija]
een injectie geven	инжектирам	[inʒektíram]
aanval (de)	пристъп, припа́дък (м)	[prístəp], [pripadək]
amputatie (de)	ампутация (ж)	[amputátsija]
amputeren (ww)	ампутирам	[amputíram]
coma (het)	кома (ж)	[kóma]
in coma liggen	намирам се в кома	[namíram se v kóma]
intensieve zorg, ICU (de)	реанимация (ж)	[reanimátsija]
zich herstellen (ww)	оздравявам	[ozdravʲávam]
toestand (de)	състояние (с)	[səstojánie]
bewustzijn (het)	съзнание (с)	[səznánie]
geheugen (het)	памет (ж)	[pámet]
trekken (een kies ~)	вадя	[vádʲa]
vulling (de)	пломба (ж)	[plómba]
vullen (ww)	пломбирам	[plombíram]
hypnose (de)	хипноза (ж)	[hipnóza]
hypnotiseren (ww)	хипнотизирам	[hipnotizíram]

67. Geneeskunde. Medicijnen. Accessoires

geneesmiddel (het)	лекарство (с)	[lekárstvo]
middel (het)	средство (с)	[srétstvo]
voorschrijven (ww)	предпиша	[pretpíʃa]
recept (het)	рецепта (ж)	[retsépta]

tablet (de/het)	таблетка (ж)	[tablétka]
zalf (de)	мехлем (м)	[mehlém]
ampul (de)	ампула (ж)	[ampúla]
drank (de)	микстура (ж)	[mikstúra]
siroop (de)	сироп (м)	[siróp]
pil (de)	хапче (с)	[háptʃe]
poeder (de/het)	прах (м)	[prah]
verband (het)	бинт (м)	[bint]
watten (mv.)	памук (м)	[pamúk]
jodium (het)	йод (м)	[jot]
pleister (de)	пластир (м)	[plastír]
pipet (de)	капкомер (м)	[kapkomér]
thermometer (de)	термометър (м)	[termométər]
spuit (de)	спринцовка (ж)	[sprintsófka]
rolstoel (de)	инвалидна количка (ж)	[invalídna kolítʃka]
krukken (mv.)	патерици (ж мн)	[páteritsi]
pijnstiller (de)	обезболяващо средство (с)	[obezbolʲávaʃto srétstvo]
laxeermiddel (het)	очистително (с)	[otʃistítelno]
spiritus (de)	спирт (м)	[spirt]
medicinale kruiden (mv.)	билка (ж)	[bílka]
kruiden- (abn)	билков	[bílkov]

APPARTEMENT

68. Appartement

appartement (het)	апартамент (м)	[apartamént]
kamer (de)	стая (ж)	[stája]
slaapkamer (de)	спалня (ж)	[spálnʲa]
eetkamer (de)	столова (ж)	[stolová]
salon (de)	гостна (ж)	[góstna]
studeerkamer (de)	кабинет (м)	[kabinét]
gang (de)	антре (с)	[antré]
badkamer (de)	баня (ж)	[bánʲa]
toilet (het)	тоалетна (ж)	[toalétna]
plafond (het)	таван (м)	[taván]
vloer (de)	под (м)	[pot]
hoek (de)	ъгъл (м)	[ə́gəl]

69. Meubels. Interieur

meubels (mv.)	мебели (мн)	[mébeli]
tafel (de)	маса (ж)	[mása]
stoel (de)	стол (м)	[stol]
bed (het)	легло (с)	[legló]
bankstel (het)	диван (м)	[diván]
fauteuil (de)	фотьойл (м)	[fotʲójl]
boekenkast (de)	книжен шкаф (м)	[kníʒen ʃkaf]
boekenrek (het)	рафт (м)	[raft]
kledingkast (de)	гардероб (м)	[garderóp]
kapstok (de)	закачалка (ж)	[zakatʃálka]
staande kapstok (de)	закачалка (ж)	[zakatʃálka]
commode (de)	скрин (м)	[skrin]
salontafeltje (het)	малка масичка (ж)	[málka másitʃka]
spiegel (de)	огледало (с)	[ogledálo]
tapijt (het)	килим (м)	[kilím]
tapijtje (het)	килимче (с)	[kilímtʃe]
haard (de)	камина (ж)	[kamína]
kaars (de)	свещ (м)	[sveʃt]
kandelaar (de)	свещник (м)	[svéʃtnik]
gordijnen (mv.)	пердета (с мн)	[perdéta]
behang (het)	тапети (м мн)	[tapéti]

jaloezie (de)	щора (ж)	[ʃtóra]
bureaulamp (de)	лампа (ж) за маса	[lámpa za mása]
wandlamp (de)	светилник (м)	[svetílnik]
staande lamp (de)	лампион (м)	[lampión]
luchter (de)	полилей (м)	[poliléj]

poot (ov. een tafel, enz.)	крак (м)	[krak]
armleuning (de)	подлакътник (м)	[podlákətnik]
rugleuning (de)	облегалка (ж)	[oblegálka]
la (de)	чекмедже (с)	[ʧekmedʒé]

70. Beddengoed

beddengoed (het)	спално бельо (с)	[spálno belʲó]
kussen (het)	възглавница (ж)	[vəzglávnitsa]
kussenovertrek (de)	калъфка (ж)	[kaléfka]
deken (de)	одеяло (с)	[odejálo]
laken (het)	чаршаф (м)	[ʧarʃáf]
sprei (de)	завивка (ж)	[zavífka]

71. Keuken

keuken (de)	кухня (ж)	[kúhnʲa]
gas (het)	газ (м)	[gas]
gasfornuis (het)	газова печка (ж)	[gázova péʧka]
elektrisch fornuis (het)	електрическа печка (ж)	[elektríʧeska péʧka]
oven (de)	фурна (ж)	[fúrna]
magnetronoven (de)	микровълнова печка (ж)	[mikrovélnova péʧka]

koelkast (de)	хладилник (м)	[hladílnik]
diepvriezer (de)	фризер (м)	[frízer]
vaatwasmachine (de)	съдомиялна машина (ж)	[sədomijálna maʃína]

vleesmolen (de)	месомелачка (ж)	[meso·melátʧka]
vruchtenpers (de)	сокоизстисквачка (ж)	[soko·isstiskvátʧka]
toaster (de)	тостер (м)	[tóster]
mixer (de)	миксер (м)	[míkser]

koffiemachine (de)	кафеварка (ж)	[kafevárka]
koffiepot (de)	кафеник (м)	[kafeník]
koffiemolen (de)	кафемелачка (ж)	[kafe·melátʧka]

fluitketel (de)	чайник (м)	[ʧájnik]
theepot (de)	чайник (м)	[ʧájnik]
deksel (de/het)	капачка (ж)	[kapátʧka]
theezeefje (het)	цедка (ж)	[tsétka]

lepel (de)	лъжица (ж)	[ləʒítsa]
theelepeltje (het)	чаена лъжица (ж)	[ʧáena ləʒítsa]
eetlepel (de)	супена лъжица (ж)	[súpena ləʒítsa]
vork (de)	вилица (ж)	[vílitsa]
mes (het)	нож (м)	[noʒ]

vaatwerk (het)	съдове (м мн)	[sédove]
bord (het)	чиния (ж)	[tʃiníja]
schoteltje (het)	малка чинийка (ж)	[málka tʃiníjka]

likeurglas (het)	чашка (ж)	[tʃáʃka]
glas (het)	чаша (ж)	[tʃáʃa]
kopje (het)	чаша (ж)	[tʃáʃa]

suikerpot (de)	захарница (ж)	[zaharnítsa]
zoutvat (het)	солница (ж)	[solnítsa]
pepervat (het)	пиперница (ж)	[pipérnitsa]
boterschaaltje (het)	съд (м) за краве масло	[sət za kráve masló]

pan (de)	тенджера (ж)	[téndʒera]
bakpan (de)	тиган (м)	[tigán]
pollepel (de)	черпак (м)	[tʃerpák]
vergiet (de/het)	гевгир (м)	[gevgír]
dienblad (het)	табла (ж)	[tábla]

fles (de)	бутилка (ж)	[butílka]
glazen pot (de)	буркан (м)	[burkán]
blik (conserven~)	тенекия (ж)	[tenekíja]

flesopener (de)	отварачка (ж)	[otvarátʃka]
blikopener (de)	отварачка (ж)	[otварátʃka]
kurkentrekker (de)	тирбушон (м)	[tirbuʃón]
filter (de/het)	филтър (м)	[fílter]
filteren (ww)	филтрирам	[filtríram]

| huisvuil (het) | боклук (м) | [boklúk] |
| vuilnisemmer (de) | кофа (ж) за боклук | [kófa za boklúk] |

72. Badkamer

badkamer (de)	баня (ж)	[bánʲa]
water (het)	вода (ж)	[vodá]
kraan (de)	смесител (м)	[smesítel]
warm water (het)	топла вода (ж)	[tópla vodá]
koud water (het)	студена вода (ж)	[studéna vodá]

tandpasta (de)	паста (ж) за зъби	[pásta za zébi]
tanden poetsen (ww)	мия си зъбите	[míja si zébite]
tandenborstel (de)	четка (ж) за зъби	[tʃétka za zébi]

zich scheren (ww)	бръсна се	[brésna se]
scheercrème (de)	пяна (ж) за бръснене	[pʲána za brésnene]
scheermes (het)	бръснач (м)	[brəsnátʃ]

wassen (ww)	мия	[míja]
een bad nemen	мия се	[míja se]
douche (de)	душ (м)	[duʃ]
een douche nemen	вземам душ	[vzémam duʃ]
bad (het)	вана (ж)	[vána]
toiletpot (de)	тоалетна чиния (ж)	[toalétna tʃiníja]

wastafel (de)	мивка (ж)	[mífka]
zeep (de)	сапун (м)	[sapún]
zeepbakje (het)	сапуниерка (ж)	[sapuniérka]

spons (de)	гъба (ж)	[géba]
shampoo (de)	шампоан (м)	[ʃampoán]
handdoek (de)	кърпа (ж)	[kérpa]
badjas (de)	хавлиен халат (м)	[havlíen halát]

was (bijv. handwas)	пране (с)	[prané]
wasmachine (de)	перална машина (ж)	[perálna maʃína]
de was doen	пера	[perá]
waspoeder (de)	прах (м) за пране	[prah za prané]

73. Huishoudelijke apparaten

televisie (de)	телевизор (м)	[televízor]
cassettespeler (de)	касетофон (м)	[kasetofón]
videorecorder (de)	видео (с)	[vídeo]
radio (de)	радиоприемник (м)	[radio·priémnik]
speler (de)	плейър (м)	[pléər]

videoprojector (de)	прожекционен апарат (м)	[proʒektsiónen aparát]
home theater systeem (het)	домашно кино (с)	[domáʃno kíno]
DVD-speler (de)	DVD плейър (м)	[dividí pléər]
versterker (de)	усилвател (м)	[usilvátel]
spelconsole (de)	игрова приставка (ж)	[igrová pristáfka]

videocamera (de)	видеокамера (ж)	[video·kámera]
fotocamera (de)	фотоапарат (м)	[fotoaparát]
digitale camera (de)	цифров фотоапарат (м)	[tsífrov fotoaparát]

stofzuiger (de)	прахосмукачка (ж)	[praho·smukátʃka]
strijkijzer (het)	ютия (ж)	[jutíja]
strijkplank (de)	дъска (ж) за гладене	[dəská za gládene]

telefoon (de)	телефон (м)	[telefón]
mobieltje (het)	мобилен телефон (м)	[mobílen telefón]
schrijfmachine (de)	пишеща машинка (ж)	[píʃeʃta maʃínka]
naaimachine (de)	шевна машина (ж)	[ʃévna maʃína]

microfoon (de)	микрофон (м)	[mikrofón]
koptelefoon (de)	слушалки (ж мн)	[sluʃálki]
afstandsbediening (de)	пулт (м)	[pult]

CD (de)	CD диск (м)	[sidí disk]
cassette (de)	касета (ж)	[kaséta]
vinylplaat (de)	плоча (ж)	[plótʃa]

DE AARDE. WEER

74. De kosmische ruimte

kosmos (de)	космос (м)	[kósmos]
kosmisch (bn)	космически	[kosmítʃeski]
kosmische ruimte (de)	космическо пространство (с)	[kosmítʃesko prostránstvo]
wereld (de)	свят (м)	[svʲat]
heelal (het)	вселена (ж)	[fseléna]
sterrenstelsel (het)	галактика (ж)	[galáktika]
ster (de)	звезда (ж)	[zvezdá]
sterrenbeeld (het)	съзвездие (с)	[səzvézdie]
planeet (de)	планета (ж)	[planéta]
satelliet (de)	спътник (м)	[spétnik]
meteoriet (de)	метеорит (м)	[meteorít]
komeet (de)	комета (ж)	[kométa]
asteroïde (de)	астероид (м)	[asteroít]
baan (de)	орбита (ж)	[órbita]
draaien (om de zon, enz.)	въртя се	[vərtʲá se]
atmosfeer (de)	атмосфера (ж)	[atmosféra]
Zon (de)	Слънце	[sléntse]
zonnestelsel (het)	Слънчева система (ж)	[sléntʃeva sistéma]
zonsverduistering (de)	слънчево затъмнение (с)	[sléntʃevo zatəmnénie]
Aarde (de)	Земя	[zemʲá]
Maan (de)	Луна	[luná]
Mars (de)	Марс	[mars]
Venus (de)	Венера	[venéra]
Jupiter (de)	Юпитер	[júpiter]
Saturnus (de)	Сатурн	[satúrn]
Mercurius (de)	Меркурий	[merkúrij]
Uranus (de)	Уран	[urán]
Neptunus (de)	Нептун	[neptún]
Pluto (de)	Плутон	[plutón]
Melkweg (de)	Млечен Път	[mlétʃen pət]
Grote Beer (de)	Голяма Мечка	[golʲáma métʃka]
Poolster (de)	Полярна Звезда	[polʲárna zvezdá]
marsmannetje (het)	марсианец (м)	[marsiánets]
buitenaards wezen (het)	извънземен (м)	[izvənzémen]
bovenaards (het)	пришелец (м)	[priʃeléts]

vliegende schotel (de)	летяща чиния (ж)	[letʲáʃta ʧiníja]
ruimtevaartuig (het)	космически кораб (м)	[kosmíʧeski kórap]
ruimtestation (het)	орбитална станция (ж)	[orbitálna stántsija]
start (de)	старт (м)	[start]

motor (de)	двигател (м)	[dvigátel]
straalpijp (de)	дюза (ж)	[dʲúza]
brandstof (de)	гориво (с)	[gorívo]

| cabine (de) | кабина (ж) | [kabína] |
| antenne (de) | антена (ж) | [anténa] |

patrijspoort (de)	илюминатор (м)	[ilʲuminátor]
zonnebatterij (de)	слънчева батерия (ж)	[slénʧeva batérija]
ruimtepak (het)	скафандър (м)	[skafándər]

| gewichtloosheid (de) | безтегловност (ж) | [bestegIóvnost] |
| zuurstof (de) | кислород (м) | [kislorót] |

| koppeling (de) | свързване (с) | [svérzvane] |
| koppeling maken | свързвам се | [svérzvam se] |

| observatorium (het) | обсерватория (ж) | [opservatórija] |
| telescoop (de) | телескоп (м) | [teleskóp] |

| waarnemen (ww) | наблюдавам | [nablʲudávam] |
| exploreren (ww) | изследвам | [isslédvam] |

75. De Aarde

Aarde (de)	Земя (ж)	[zemʲá]
aardbol (de)	земно кълбо (с)	[zémno kəlbó]
planeet (de)	планета (ж)	[planéta]

atmosfeer (de)	атмосфера (ж)	[atmosféra]
aardrijkskunde (de)	география (ж)	[geográfija]
natuur (de)	природа (ж)	[priróda]

wereldbol (de)	глобус (м)	[glóbus]
kaart (de)	карта (ж)	[kárta]
atlas (de)	атлас (м)	[atlás]

| Europa (het) | Европа | [evrópa] |
| Azië (het) | Азия | [ázija] |

| Afrika (het) | Африка | [áfrika] |
| Australië (het) | Австралия | [afstrálija] |

Amerika (het)	Америка	[amérika]
Noord-Amerika (het)	Северна Америка	[séverna amérika]
Zuid-Amerika (het)	Южна Америка	[júʒna amérika]

| Antarctica (het) | Антарктида | [antarktída] |
| Arctis (de) | Арктика | [árktika] |

76. Windrichtingen

noorden (het)	север (м)	[séver]
naar het noorden	на север	[na séver]
in het noorden	на север	[na séver]
noordelijk (bn)	северен	[séveren]
zuiden (het)	юг (м)	[juk]
naar het zuiden	на юг	[na juk]
in het zuiden	на юг	[na juk]
zuidelijk (bn)	южен	[júʒen]
westen (het)	запад (м)	[zápat]
naar het westen	на запад	[na zápat]
in het westen	на запад	[na zápat]
westelijk (bn)	западен	[západen]
oosten (het)	изток (м)	[ístok]
naar het oosten	на изток	[na ístok]
in het oosten	на изток	[na ístok]
oostelijk (bn)	източен	[ístotʃen]

77. Zee. Oceaan

zee (de)	море (с)	[moré]
oceaan (de)	океан (м)	[okeán]
golf (baai)	залив (м)	[zálif]
straat (de)	пролив (м)	[próliv]
continent (het)	материк (м)	[materík]
eiland (het)	остров (м)	[óstrov]
schiereiland (het)	полуостров (м)	[poluóstrov]
archipel (de)	архипелаг (м)	[arhipelák]
baai, bocht (de)	залив (м)	[zálif]
haven (de)	залив (м)	[zálif]
lagune (de)	лагуна (ж)	[lagúna]
kaap (de)	нос (м)	[nos]
atol (de)	атол (м)	[atól]
rif (het)	риф (м)	[rif]
koraal (het)	корал (м)	[korál]
koraalrif (het)	коралов риф (м)	[korálov rif]
diep (bn)	дълбок	[dəlbók]
diepte (de)	дълбочина (ж)	[dəlbotʃiná]
diepzee (de)	бездна (ж)	[bézna]
trog (bijv. Marianentrog)	падина (ж)	[padiná]
stroming (de)	течение (с)	[tetʃénie]
omspoelen (ww)	мия	[míja]
oever (de)	бряг (м)	[brʲak]
kust (de)	крайбрежие (с)	[krajbréʒie]

vloed (de)	прилив (м)	[príliv]
eb (de)	отлив (м)	[ótliv]
ondiepte (ondiep water)	плитчина (ж)	[plittʃiná]
bodem (de)	дъно (с)	[déno]
golf (hoge ~)	вълна (ж)	[vəlná]
golfkam (de)	гребен (м) на вълна	[grében na vəlná]
schuim (het)	пяна (ж)	[pʲána]
orkaan (de)	ураган (м)	[uragán]
tsunami (de)	цунами (с)	[tsunámi]
windstilte (de)	безветрие (с)	[bezvétrie]
kalm (bijv. ~e zee)	спокоен	[spokóen]
pool (de)	полюс (м)	[pólʲus]
polair (bn)	полярен	[polʲáren]
breedtegraad (de)	ширина (ж)	[ʃiriná]
lengtegraad (de)	дължина (ж)	[dəlʒiná]
parallel (de)	паралел (ж)	[paralél]
evenaar (de)	екватор (м)	[ekvátor]
hemel (de)	небе (с)	[nebé]
horizon (de)	хоризонт (м)	[horizónt]
lucht (de)	въздух (м)	[vézduh]
vuurtoren (de)	фар (м)	[far]
duiken (ww)	гмуркам се	[gmúrkam se]
zinken (ov. een boot)	потъна	[poténa]
schatten (mv.)	съкровища (с мн)	[səkróviʃta]

78. Namen van zeeën en oceanen

Atlantische Oceaan (de)	Атлантически океан	[atlantítʃeski okeán]
Indische Oceaan (de)	Индийски океан	[indíjski okeán]
Stille Oceaan (de)	Тихи океан	[tíhi okeán]
Noordelijke IJszee (de)	Северен Ледовит океан	[séveren ledovít okeán]
Zwarte Zee (de)	Черно море	[tʃérno moré]
Rode Zee (de)	Червено море	[tʃervéno moré]
Gele Zee (de)	Жълто море	[ʒélto moré]
Witte Zee (de)	Бяло море	[bʲálo moré]
Kaspische Zee (de)	Каспийско море	[káspijsko moré]
Dode Zee (de)	Мъртво море	[mértvo moré]
Middellandse Zee (de)	Средиземно море	[sredizémno moré]
Egeïsche Zee (de)	Егейско море	[egéjsko moré]
Adriatische Zee (de)	Адриатическо море	[adriatítʃesko moré]
Arabische Zee (de)	Арабско море	[arápsko moré]
Japanse Zee (de)	Японско море	[japónsko moré]
Beringzee (de)	Берингово море	[beríngovo moré]
Zuid-Chinese Zee (de)	Южнокитайско море	[juʒnokitájsko moré]

Koraalzee (de)	Коралово море	[korálovo moré]
Tasmanzee (de)	Тасманово море	[tasmánovo moré]
Caribische Zee (de)	Карибско море	[karíbsko moré]

| Barentszzee (de) | Баренцово море | [baréntsovo moré] |
| Karische Zee (de) | Карско море | [kárske moré] |

Noordzee (de)	Северно море	[séverno moré]
Baltische Zee (de)	Балтийско море	[baltíjsko moré]
Noorse Zee (de)	Норвежко море	[norvéʃko moré]

79. Bergen

berg (de)	планина (ж)	[planiná]
bergketen (de)	планинска верига (ж)	[planínska veríga]
gebergte (het)	планински хребет (м)	[planínski hrebét]

bergtop (de)	връх (м)	[vrəh]
bergpiek (de)	пик (м)	[pik]
voet (ov. de berg)	подножие (с)	[podnóȝie]
helling (de)	склон (м)	[sklon]

vulkaan (de)	вулкан (м)	[vulkán]
actieve vulkaan (de)	действащ вулкан (м)	[déjstvaʃt vulkán]
uitgedoofde vulkaan (de)	изгаснал вулкан (м)	[izgásnal vulkán]

uitbarsting (de)	изригване (с)	[izrígvane]
krater (de)	кратер (м)	[kráter]
magma (het)	магма (ж)	[mágma]
lava (de)	лава (ж)	[láva]
gloeiend (~e lava)	нажежен	[naȝeȝén]
kloof (canyon)	каньон (м)	[kanjón]
bergkloof (de)	дефиле (с)	[defilé]
spleet (de)	тясна клисура (ж)	[tʲásna klisúra]
afgrond (de)	пропаст (ж)	[própast]

bergpas (de)	превал (м)	[prevál]
plateau (het)	плато (с)	[pláto]
klip (de)	скала (ж)	[skalá]
heuvel (de)	хълм (м)	[həlm]

gletsjer (de)	ледник (м)	[lédnik]
waterval (de)	водопад (м)	[vodopát]
geiser (de)	гейзер (м)	[géjzer]
meer (het)	езеро (с)	[ézero]

vlakte (de)	равнина (ж)	[ravniná]
landschap (het)	пейзаж (м)	[pejzáȝ]
echo (de)	ехо (с)	[ého]

alpinist (de)	алпинист (м)	[alpiníst]
bergbeklimmer (de)	катерач (м)	[kateráʧ]
trotseren (berg ~)	покорявам	[pokorʲávam]
beklimming (de)	възкачване (с)	[vəskáʧvane]

80. Bergen namen

Alpen (de)	Алпи	[álpi]
Mont Blanc (de)	Мон Блан	[mon blan]
Pyreneeën (de)	Пиринеи	[pirinéi]
Karpaten (de)	Карпати	[karpáti]
Oeralgebergte (het)	Урал	[urál]
Kaukasus (de)	Кавказ	[kafkáz]
Elbroes (de)	Елбрус	[elbrús]
Altaj (de)	Алтай	[altáj]
Tiensjan (de)	Тяншан	[tʲanʃan]
Pamir (de)	Памир	[pamír]
Himalaya (de)	Хималаи	[himalái]
Everest (de)	Еверест	[everést]
Andes (de)	Анди	[ándi]
Kilimanjaro (de)	Килиманджаро	[kilimandʒáro]

81. Rivieren

rivier (de)	река (ж)	[reká]
bron (~ van een rivier)	извор (м)	[ízvor]
riverbedding (de)	корито (с)	[koríto]
rivierbekken (het)	басейн (м)	[baséjn]
uitmonden in …	вливам се	[vlívam se]
zijrivier (de)	приток (м)	[prítok]
oever (de)	бряг (м)	[brʲak]
stroming (de)	течение (с)	[tetʃénie]
stroomafwaarts (bw)	надолу по течението	[nadólu po tetʃénieto]
stroomopwaarts (bw)	нагоре по течението	[nagóre po tetʃénieto]
overstroming (de)	наводнение (с)	[navodnénie]
overstroming (de)	пролетно пълноводие (с)	[prolétno pəlnovódie]
buiten zijn oevers treden	разливам се	[razlívam se]
overstromen (ww)	потопявам	[potopʲávam]
zandbank (de)	плитчина (ж)	[plittʃiná]
stroomversnelling (de)	праг (м)	[prak]
dam (de)	яз (м)	[jaz]
kanaal (het)	канал (м)	[kanál]
spaarbekken (het)	водохранилище (с)	[vodohraníliʃte]
sluis (de)	шлюз (м)	[ʃlʲuz]
waterlichaam (het)	водоем (м)	[vodoém]
moeras (het)	блато (с)	[bláto]
broek (het)	тресавище (с)	[tresáviʃte]
draaikolk (de)	водовъртеж (м)	[vodovərtéʒ]
stroom (de)	ручей (м)	[rútʃej]

drink- (abn)	питеен	[pitéen]
zoet (~ water)	сладководен	[slatkovóden]

ijs (het)	лед (м)	[let]
bevriezen (rivier, enz.)	замръзна	[zamrézna]

82. Namen van rivieren

Seine (de)	Сена	[séna]
Loire (de)	Лоара	[loára]

Theems (de)	Темза	[témza]
Rijn (de)	Рейн	[rejn]
Donau (de)	Дунав	[dúnav]

Wolga (de)	Волга	[vólga]
Don (de)	Дон	[don]
Lena (de)	Лена	[léna]

Gele Rivier (de)	Хуанхъ	[huanhé]
Blauwe Rivier (de)	Яндзъ	[jandzé]
Mekong (de)	Меконг	[mekónk]
Ganges (de)	Ганг	[gang]

Nijl (de)	Нил	[nil]
Kongo (de)	Конго	[kóngo]
Okavango (de)	Окаванго	[okavángo]
Zambezi (de)	Замбези	[zambézi]
Limpopo (de)	Лимпопо	[limpopó]
Mississippi (de)	Мисисипи	[misisípi]

83. Bos

bos (het)	гора (ж)	[gorá]
bos- (abn)	горски	[górski]

oerwoud (dicht bos)	гъсталак (м)	[gəstalák]
bosje (klein bos)	горичка (ж)	[gorítʃka]
open plek (de)	поляна (ж)	[polʲána]

struikgewas (het)	гъсталак (м)	[gəstalák]
struiken (mv.)	храсталак (м)	[hrastalák]

paadje (het)	пътечка (ж)	[pətétʃka]
ravijn (het)	овраг (м)	[ovrák]

boom (de)	дърво (с)	[dərvó]
blad (het)	лист (м)	[list]
gebladerte (het)	шума (ж)	[ʃúma]

vallende bladeren (mv.)	листопад (м)	[listopát]
vallen (ov. de bladeren)	опадвам	[opádvam]

boomtop (de)	връх (м)	[vrəh]
tak (de)	клонка (м)	[klónka]
ent (de)	дебел клон (м)	[debél klon]
knop (de)	пъпка (ж)	[pépka]
naald (de)	игла (ж)	[iglá]
dennenappel (de)	шишарка (ж)	[ʃiʃárka]
boom holte (de)	хралупа (ж)	[hralúpa]
nest (het)	гнездо (с)	[gnezdó]
hol (het)	дупка (ж)	[dúpka]
stam (de)	стъбло (с)	[stəbló]
wortel (bijv. boom~s)	корен (м)	[kóren]
schors (de)	кора (ж)	[korá]
mos (het)	мъх (м)	[məh]
ontwortelen (een boom)	изкоренявам	[izkorenʲávam]
kappen (een boom ~)	сека	[seká]
ontbossen (ww)	изсичам	[issítʃam]
stronk (de)	пън (м)	[pən]
kampvuur (het)	клада (ж)	[kláda]
bosbrand (de)	пожар (м)	[poʒár]
blussen (ww)	загасявам	[zagasʲávam]
boswachter (de)	горски пазач (м)	[górski pazátʃ]
bescherming (de)	опазване (с)	[opázvane]
beschermen	опазвам	[opázvam]
(bijv. de natuur ~)		
stroper (de)	бракониер (м)	[brakoniér]
val (de)	капан (м)	[kapán]
plukken (vruchten, enz.)	събирам	[səbíram]
verdwalen (de weg kwijt zijn)	загубя се	[zagúbʲa se]

84. Natuurlijke hulpbronnen

natuurlijke rijkdommen (mv.)	природни ресурси (м мн)	[priródni resúrsi]
delfstoffen (mv.)	полезни изкопаеми (с мн)	[polézni iskopáemi]
lagen (mv.)	залежи (мн)	[zaléʒi]
veld (bijv. olie~)	находище (с)	[nahódiʃte]
winnen (uit erts ~)	добивам	[dobívam]
winning (de)	добиване (с)	[dobívane]
erts (het)	руда (ж)	[rudá]
mijn (bijv. kolenmijn)	рудник (м)	[rúdnik]
mijnschacht (de)	шахта (ж)	[ʃáhta]
mijnwerker (de)	миньор (м)	[minʲór]
gas (het)	газ (м)	[gas]
gasleiding (de)	газопровод (м)	[gazoprovót]
olie (aardolie)	нефт (м)	[neft]
olieleiding (de)	нефтопровод (м)	[neftoprovót]

oliebron (de)	нефтена кула (ж)	[néftena kúla]
boortoren (de)	сондажна кула (ж)	[sondáʒna kúla]
tanker (de)	танкер (м)	[tánker]

zand (het)	пясък (м)	[pʲásək]
kalksteen (de)	варовик (м)	[varóvik]
grind (het)	дребен чакъл (м)	[drében ʧakél]
veen (het)	торф (м)	[torf]
klei (de)	глина (ж)	[glína]
steenkool (de)	въглища (мн)	[végliʃta]

ijzer (het)	желязо (с)	[ʒelʲázo]
goud (het)	злато (с)	[zláto]
zilver (het)	сребро (с)	[srebró]
nikkel (het)	никел (м)	[níkel]
koper (het)	мед (ж)	[met]

zink (het)	цинк (м)	[tsink]
mangaan (het)	манган (м)	[mangán]
kwik (het)	живак (м)	[ʒivák]
lood (het)	олово (с)	[olóvo]

mineraal (het)	минерал (м)	[minerál]
kristal (het)	кристал (м)	[kristál]
marmer (het)	мрамор (м)	[mrámor]
uraan (het)	уран (м)	[urán]

85. Weer

weer (het)	време (с)	[vréme]
weersvoorspelling (de)	прогноза (ж) за времето	[prognóza za vrémeto]
temperatuur (de)	температура (ж)	[temperatúra]
thermometer (de)	термометър (м)	[termométər]
barometer (de)	барометър (м)	[barométər]

vochtig (bn)	влажен	[vláʒen]
vochtigheid (de)	влажност (ж)	[vláʒnost]
hitte (de)	пек (м)	[pek]
heet (bn)	горещ	[goréʃt]
het is heet	горещо	[goréʃto]

| het is warm | топло | [tóplo] |
| warm (bn) | топъл | [tópəl] |

| het is koud | студено | [studéno] |
| koud (bn) | студен | [studén] |

zon (de)	слънце (с)	[sléntse]
schijnen (de zon)	грея	[gréja]
zonnig (~e dag)	слънчев	[sléntʃev]
opgaan (ov. de zon)	изгрея	[izgréja]
ondergaan (ww)	заляза	[zalʲáza]
wolk (de)	облак (м)	[óblak]
bewolkt (bn)	облачен	[óblatʃen]

regenwolk (de)	голям облак (м)	[golʲám óblak]
somber (bn)	навъсен	[navésen]
regen (de)	дъжд (м)	[dəʒt]
het regent	вали дъжд	[valí dəʒt]
regenachtig (bn)	дъждовен	[dəʒdóven]
motregenen (ww)	ръмя	[rəmʲá]
plensbui (de)	пороен дъжд (м)	[poróen dəʒt]
stortbui (de)	порой (м)	[porój]
hard (bn)	силен	[sílen]
plas (de)	локва (ж)	[lókva]
nat worden (ww)	намокря се	[namókrʲa se]
mist (de)	мъгла (ж)	[məglá]
mistig (bn)	мъглив	[məglíf]
sneeuw (de)	сняг (м)	[snʲak]
het sneeuwt	вали сняг	[valí snʲak]

86. Zwaar weer. Natuurrampen

noodweer (storm)	гръмотевична буря (ж)	[grəmotévitʃna búrʲa]
bliksem (de)	мълния (ж)	[mélnija]
flitsen (ww)	блясвам	[blʲásvam]
donder (de)	гръм (м)	[grəm]
donderen (ww)	гърмя	[gərmʲá]
het dondert	гърми	[gərmí]
hagel (de)	градушка (ж)	[gradúʃka]
het hagelt	пада градушка	[páda gradúʃka]
overstromen (ww)	потопя	[potopʲá]
overstroming (de)	наводнение (с)	[navodnénie]
aardbeving (de)	земетресение (с)	[zemetresénie]
aardschok (de)	трус (м)	[trus]
epicentrum (het)	епицентър (м)	[epitséntər]
uitbarsting (de)	изригване (с)	[izrígvane]
lava (de)	лава (ж)	[láva]
wervelwind, windhoos (de)	торнадо (с)	[tornádo]
tyfoon (de)	тайфун (м)	[tajfún]
orkaan (de)	ураган (м)	[uragán]
storm (de)	буря (ж)	[búrʲa]
tsunami (de)	цунами (с)	[tsunámi]
cycloon (de)	циклон (м)	[tsiklón]
onweer (het)	лошо време (с)	[lóʃo vréme]
brand (de)	пожар (м)	[poʒár]
ramp (de)	катастрофа (ж)	[katastrófa]
meteoriet (de)	метеорит (м)	[meteorít]

lawine (de)	лавина (ж)	[lavína]
sneeuwverschuiving (de)	лавина (ж)	[lavína]
sneeuwjacht (de)	виелица (ж)	[viélitsa]
sneeuwstorm (de)	снежна буря (ж)	[snéӡna búrʲa]

FAUNA

87. Zoogdieren. Roofdieren

roofdier (het)	хищник (м)	[híʃtnik]
tijger (de)	тигър (м)	[tígər]
leeuw (de)	лъв (м)	[ləv]
wolf (de)	вълк (м)	[vəlk]
vos (de)	лисица (ж)	[lisítsa]
jaguar (de)	ягуар (м)	[jaguár]
luipaard (de)	леопард (м)	[leopárt]
jachtluipaard (de)	гепард (м)	[gepárt]
panter (de)	пантера (ж)	[pantéra]
poema (de)	пума (ж)	[púma]
sneeuwluipaard (de)	снежен барс (м)	[snéʒen bars]
lynx (de)	рис (м)	[ris]
coyote (de)	койот (м)	[kojót]
jakhals (de)	чакал (м)	[tʃakál]
hyena (de)	хиена (ж)	[hiéna]

88. Wilde dieren

dier (het)	животно (с)	[ʒivótno]
beest (het)	звяр (м)	[zvʲar]
eekhoorn (de)	катерица (ж)	[káteritsa]
egel (de)	таралеж (м)	[taraléʒ]
haas (de)	заек (м)	[záek]
konijn (het)	питомен заек (м)	[pítomen záek]
das (de)	язовец (м)	[jázovets]
wasbeer (de)	енот (м)	[enót]
hamster (de)	хамстер (м)	[hámster]
marmot (de)	мармот (м)	[marmót]
mol (de)	къртица (ж)	[kərtítsa]
muis (de)	мишка (ж)	[míʃka]
rat (de)	плъх (м)	[pləh]
vleermuis (de)	прилеп (м)	[prílep]
hermelijn (de)	хермелин (м)	[hermelín]
sabeldier (het)	самур (м)	[samúr]
marter (de)	бялка (ж)	[bʲálka]
wezel (de)	невестулка (ж)	[nevestúlka]
nerts (de)	норка (ж)	[nórka]

| bever (de) | бобър (м) | [bóbər] |
| otter (de) | видра (ж) | [vídra] |

paard (het)	кон (м)	[kon]
eland (de)	лос (м)	[los]
hert (het)	елен (м)	[elén]
kameel (de)	камила (ж)	[kamíla]

bizon (de)	бизон (м)	[bizón]
wisent (de)	зубър (м)	[zúbər]
buffel (de)	бивол (м)	[bívol]

zebra (de)	зебра (ж)	[zébra]
antilope (de)	антилопа (ж)	[antilópa]
ree (de)	сърна (ж)	[sərná]
damhert (het)	лопатар (м)	[lopatár]
gems (de)	сърна (ж)	[sərná]
everzwijn (het)	глиган (м)	[gligán]

walvis (de)	кит (м)	[kit]
rob (de)	тюлен (м)	[tʲulén]
walrus (de)	морж (м)	[morʒ]
zeebeer (de)	морска котка (ж)	[mórska kótka]
dolfijn (de)	делфин (м)	[delfín]

beer (de)	мечка (ж)	[métʃka]
ijsbeer (de)	бяла мечка (ж)	[bʲála métʃka]
panda (de)	панда (ж)	[pánda]

aap (de)	маймуна (ж)	[majmúna]
chimpansee (de)	шимпанзе (с)	[ʃimpanzé]
orang-oetan (de)	орангутан (м)	[orangután]
gorilla (de)	горила (ж)	[goríla]
makaak (de)	макак (м)	[makák]
gibbon (de)	гибон (м)	[gibón]

olifant (de)	слон (м)	[slon]
neushoorn (de)	носорог (м)	[nosorók]
giraffe (de)	жираф (м)	[ʒiráf]
nijlpaard (het)	хипопотам (м)	[hipopotám]

| kangoeroe (de) | кенгуру (с) | [kénguru] |
| koala (de) | коала (ж) | [koála] |

mangoest (de)	мангуста (ж)	[mangústa]
chinchilla (de)	чинчила (ж)	[tʃintʃíla]
stinkdier (het)	скунс (м)	[skuns]
stekelvarken (het)	бодливец (м)	[bodlívets]

89. Huisdieren

poes (de)	котка (ж)	[kótka]
kater (de)	котарак (м)	[kotarák]
paard (het)	кон (м)	[kon]

hengst (de)	жребец (м)	[ʒrebéts]
merrie (de)	кобила (ж)	[kobíla]
koe (de)	крава (ж)	[kráva]
bul, stier (de)	бик (м)	[bik]
os (de)	вол (м)	[vol]
schaap (het)	овца (ж)	[ovtsá]
ram (de)	овен (м)	[ovén]
geit (de)	коза (ж)	[kozá]
bok (de)	козел (м)	[kozél]
ezel (de)	магаре (с)	[magáre]
muilezel (de)	муле (с)	[múle]
varken (het)	свиня (ж)	[svinʲá]
biggetje (het)	прасе (с)	[prasé]
konijn (het)	питомен заек (м)	[pítomen záek]
kip (de)	кокошка (ж)	[kokóʃka]
haan (de)	петел (м)	[petél]
eend (de)	патица (ж)	[pátitsa]
woerd (de)	паток (м)	[patók]
gans (de)	гъсок (м)	[gesók]
kalkoen haan (de)	пуяк (м)	[pújak]
kalkoen (de)	пуйка (ж)	[pújka]
huisdieren (mv.)	домашни животни (с мн)	[domáʃni ʒivótni]
tam (bijv. hamster)	питомен	[pítomen]
temmen (tam maken)	опитомявам	[opitomʲávam]
fokken (bijv. paarden ~)	отглеждам	[otgléʒdam]
boerderij (de)	ферма (ж)	[férma]
gevogelte (het)	домашна птица (ж)	[domáʃna ptítsa]
rundvee (het)	добитък (м)	[dobítək]
kudde (de)	стадо (с)	[stádo]
paardenstal (de)	обор (м)	[obór]
zwijnenstal (de)	кочина (ж)	[kótʃina]
koeienstal (de)	краварник (м)	[kravárnik]
konijnenhok (het)	зайчарник (м)	[zajtʃárnik]
kippenhok (het)	курник (м)	[kúrnik]

90. Vogels

vogel (de)	птица (ж)	[ptítsa]
duif (de)	гълъб (м)	[géləp]
mus (de)	врабче (с)	[vrabtʃé]
koolmees (de)	синигер (м)	[sinigér]
ekster (de)	сврака (ж)	[svráka]
raaf (de)	гарван (м)	[gárvan]
kraai (de)	врана (ж)	[vrána]

| kauw (de) | гарга (ж) | [gárga] |
| roek (de) | полски гарван (м) | [pólski gárvan] |

eend (de)	патица (ж)	[pátitsa]
gans (de)	гъсок (м)	[gǝsók]
fazant (de)	фазан (м)	[fazán]

arend (de)	орел (м)	[orél]
havik (de)	ястреб (м)	[jástrep]
valk (de)	сокол (м)	[sokól]
gier (de)	гриф (м)	[grif]
condor (de)	кондор (м)	[kondór]

zwaan (de)	лебед (м)	[lébet]
kraanvogel (de)	жерав (м)	[ʒérav]
ooievaar (de)	щъркел (м)	[ʃtǝrkel]

papegaai (de)	папагал (м)	[papagál]
kolibrie (de)	колибри (с)	[kolíbri]
pauw (de)	паун (м)	[paún]

struisvogel (de)	щраус (м)	[ʃtráus]
reiger (de)	чапла (ж)	[ʧápla]
flamingo (de)	фламинго (с)	[flamíngo]
pelikaan (de)	пеликан (м)	[pelikán]

| nachtegaal (de) | славей (м) | [slávej] |
| zwaluw (de) | лястовица (ж) | [lʲástovitsa] |

lijster (de)	дрозд (м)	[drozd]
zanglijster (de)	поен дрозд (м)	[póen drozd]
merel (de)	кос, черен дрозд (м)	[kos], [ʧéren drozd]

gierzwaluw (de)	бързолет (м)	[bǝrzolét]
leeuwerik (de)	чучулига (ж)	[ʧuʧulíga]
kwartel (de)	пъдпъдък (м)	[pǝdpǝdék]

specht (de)	кълвач (м)	[kǝlváʧ]
koekoek (de)	кукувица (ж)	[kúkuvitsa]
uil (de)	сова (ж)	[sóva]
oehoe (de)	бухал (м)	[búhal]
auerhoen (het)	глухар (м)	[gluhár]

| korhoen (het) | тетрев (м) | [tétrev] |
| patrijs (de) | яребица (ж) | [járebitsa] |

spreeuw (de)	скорец (м)	[skoréts]
kanarie (de)	канарче (с)	[kanárʧe]
hazelhoen (het)	лещарка (ж)	[leʃtárka]

| vink (de) | чинка (ж) | [ʧínka] |
| goudvink (de) | червенушка (ж) | [ʧervenúʃka] |

meeuw (de)	чайка (ж)	[ʧájka]
albatros (de)	албатрос (м)	[albatrós]
pinguïn (de)	пингвин (м)	[pingvín]

91. Vis. Zeedieren

brasem (de)	платика (ж)	[platíka]
karper (de)	шаран (м)	[ʃarán]
baars (de)	костур (м)	[kostúr]
meerval (de)	сом (м)	[som]
snoek (de)	щука (ж)	[ʃtúka]
zalm (de)	сьомга (ж)	[sʲómga]
steur (de)	есетра (ж)	[esétra]
haring (de)	селда (ж)	[sélda]
atlantische zalm (de)	сьомга (ж)	[sʲómga]
makreel (de)	скумрия (ж)	[skumríja]
platvis (de)	калкан (м)	[kalkán]
snoekbaars (de)	бяла риба (ж)	[bʲála ríba]
kabeljauw (de)	треска (ж)	[tréska]
tonijn (de)	риба тон (м)	[ríba ton]
forel (de)	пъстърва (ж)	[pəstérva]
paling (de)	змиорка (ж)	[zmiórka]
sidderrog (de)	електрически скат (м)	[elektrítʃeski skat]
murene (de)	мурена (ж)	[muréna]
piranha (de)	пираня (ж)	[piránʲa]
haai (de)	акула (ж)	[akúla]
dolfijn (de)	делфин (м)	[delfín]
walvis (de)	кит (м)	[kit]
krab (de)	морски рак (м)	[mórski rak]
kwal (de)	медуза (ж)	[medúza]
octopus (de)	октопод (м)	[oktopót]
zeester (de)	морска звезда (ж)	[mórska zvezdá]
zee-egel (de)	морски таралеж (м)	[mórski taraléʒ]
zeepaardje (het)	морско конче (с)	[mórsko kóntʃe]
oester (de)	стрида (ж)	[strída]
garnaal (de)	скарида (ж)	[skarída]
kreeft (de)	омар (м)	[omár]
langoest (de)	лангуста (ж)	[langústa]

92. Amfibieën. Reptielen

slang (de)	змия (ж)	[zmijá]
giftig (slang)	отровен	[otróven]
adder (de)	усойница (ж)	[usójnitsa]
cobra (de)	кобра (ж)	[kóbra]
python (de)	питон (м)	[pitón]
boa (de)	боа (ж)	[boá]
ringslang (de)	смок (м)	[smok]

| ratelslang (de) | гърмяща змия (ж) | [gərmʲáʃta zmijá] |
| anaconda (de) | анаконда (ж) | [anakónda] |

hagedis (de)	гущер (м)	[gúʃter]
leguaan (de)	игуана (ж)	[iguána]
varaan (de)	варан (м)	[varán]
salamander (de)	саламандър (м)	[salamándər]
kameleon (de)	хамелеон (м)	[hameleón]
schorpioen (de)	скорпион (м)	[skorpión]

schildpad (de)	костенурка (ж)	[kostenúrka]
kikker (de)	водна жаба (ж)	[vódna ʒába]
pad (de)	жаба (ж)	[ʒába]
krokodil (de)	крокодил (м)	[krokodíl]

93. Insecten

insect (het)	насекомо (с)	[nasekómo]
vlinder (de)	пеперуда (ж)	[peperúda]
mier (de)	мравка (ж)	[mráfka]
vlieg (de)	муха (ж)	[muhá]
mug (de)	комар (м)	[komár]
kever (de)	бръмбар (м)	[brə́mbar]

wesp (de)	оса (ж)	[osá]
bij (de)	пчела (ж)	[ptʃelá]
hommel (de)	земна пчела (ж)	[zémna ptʃelá]
horzel (de)	щръклица (ж), овод (м)	[ʃtréklitsa], [óvot]

| spin (de) | паяк (м) | [pájak] |
| spinnenweb (het) | паяжина (ж) | [pájaʒina] |

libel (de)	водно конче (с)	[vódno kóntʃe]
sprinkhaan (de)	скакалец (м)	[skakaléts]
nachtvlinder (de)	нощна пеперуда (ж)	[nóʃtna peperúda]

kakkerlak (de)	хлебарка (ж)	[hlebárka]
teek (de)	кърлеж (м)	[kérleʃ]
vlo (de)	бълха (ж)	[bəlhá]
kriebelmug (de)	мушица (ж)	[muʃítsa]

treksprinkhaan (de)	прелетен скакалец (м)	[préleten skakaléts]
slak (de)	охлюв (м)	[óhlʲuf]
krekel (de)	щурец (м)	[ʃturéts]
glimworm (de)	светулка (ж)	[svetúlka]
lieveheersbeestje (het)	калинка (ж)	[kalínka]
meikever (de)	майски бръмбар (м)	[májski brémbar]

bloedzuiger (de)	пиявица (ж)	[pijávitsa]
rups (de)	гъсеница (ж)	[gəsénitsa]
aardworm (de)	червей (м)	[tʃérvej]
larve (de)	буба (ж)	[búba]

FLORA

94. Bomen

boom (de)	дърво (с)	[dərvó]
loof- (abn)	широколистно	[ʃirokolístno]
dennen- (abn)	иглолистно	[iglolístno]
groenblijvend (bn)	вечнозелено	[vetʃnozeléno]
appelboom (de)	ябълка (ж)	[jábəlka]
perenboom (de)	круша (ж)	[krúʃa]
zoete kers (de)	череша (ж)	[tʃeréʃa]
zure kers (de)	вишна (ж)	[víʃna]
pruimelaar (de)	слива (ж)	[slíva]
berk (de)	бреза (ж)	[brezá]
eik (de)	дъб (м)	[dəp]
linde (de)	липа (ж)	[lipá]
esp (de)	трепетлика (ж)	[trepetlíka]
esdoorn (de)	клен (м)	[klen]
spar (de)	ела (ж)	[elá]
den (de)	бор (м)	[bor]
lariks (de)	лиственица (ж)	[lístvenitsa]
zilverspar (de)	бяла ела (ж)	[bʲála elá]
ceder (de)	кедър (м)	[kédər]
populier (de)	топола (ж)	[topóla]
lijsterbes (de)	офика (ж)	[ofíka]
wilg (de)	върба (ж)	[vərbá]
els (de)	елша (ж)	[elʃá]
beuk (de)	бук (м)	[buk]
iep (de)	бряст (м)	[brʲast]
es (de)	ясен (м)	[jásen]
kastanje (de)	кестен (м)	[késten]
magnolia (de)	магнолия (ж)	[magnólija]
palm (de)	палма (ж)	[pálma]
cipres (de)	кипарис (м)	[kiparís]
mangrove (de)	мангрово дърво (с)	[mangrovo dərvó]
baobab (apenbroodboom)	баобаб (м)	[baobáp]
eucalyptus (de)	евкалипт (м)	[efkalípt]
mammoetboom (de)	секвоя (ж)	[sekvója]

95. Heesters

struik (de)	храст (м)	[hrast]
heester (de)	храсталак (м)	[hrastalák]

| wijnstok (de) | грозде (с) | [grózde] |
| wijngaard (de) | лозе (с) | [lóze] |

frambozenstruik (de)	малина (ж)	[malína]
zwarte bes (de)	черно френско грозде (с)	[ʧérno frénsko grózde]
rode bessenstruik (de)	червено френско грозде (с)	[ʧervéno frénsko grózde]
kruisbessenstruik (de)	цариградско грозде (с)	[tsarigrátsko grózde]

acacia (de)	акация (ж)	[akátsija]
zuurbes (de)	кисел трън (м)	[kísel trən]
jasmijn (de)	жасмин (м)	[ʒasmín]

jeneverbes (de)	хвойна, смрика (ж)	[hvójna], [smríka]
rozenstruik (de)	розов храст (м)	[rózov hrast]
hondsroos (de)	шипка (ж)	[ʃípka]

96. Vruchten. Bessen

vrucht (de)	плод (м)	[plot]
vruchten (mv.)	плодове (м мн)	[plodové]
appel (de)	ябълка (ж)	[jábəlka]
peer (de)	круша (ж)	[krúʃa]
pruim (de)	слива (ж)	[slíva]

aardbei (de)	ягода (ж)	[jágoda]
zure kers (de)	вишна (ж)	[víʃna]
zoete kers (de)	череша (ж)	[ʧeréʃa]
druif (de)	грозде (с)	[grózde]

framboos (de)	малина (ж)	[malína]
zwarte bes (de)	черно френско грозде (с)	[ʧérno frénsko grózde]
rode bes (de)	червено френско грозде (с)	[ʧervéno frénsko grózde]
kruisbes (de)	цариградско грозде (с)	[tsarigrátsko grózde]
veenbes (de)	клюква (ж)	[klʲúkva]

sinaasappel (de)	портокал (м)	[portokál]
mandarijn (de)	мандарина (ж)	[mandarína]
ananas (de)	ананас (м)	[ananás]
banaan (de)	банан (м)	[banán]
dadel (de)	фурма (ж)	[furmá]

citroen (de)	лимон (м)	[limón]
abrikoos (de)	кайсия (ж)	[kajsíja]
perzik (de)	праскова (ж)	[práskova]
kiwi (de)	киви (с)	[kívi]
grapefruit (de)	грейпфрут (м)	[gréjpfrut]

bes (de)	горски плод (м)	[górski plot]
bessen (mv.)	горски плодове (м мн)	[górski plodové]
vossenbes (de)	червена боровинка (ж)	[ʧervéna borovínka]
bosaardbei (de)	горска ягода (ж)	[górska jágoda]
blauwe bosbes (de)	черна боровинка (ж)	[ʧérna borovínka]

97. Bloemen. Planten

bloem (de)	цвете (с)	[tsvéte]
boeket (het)	букет (м)	[bukét]
roos (de)	роза (ж)	[róza]
tulp (de)	лале (с)	[lalé]
anjer (de)	карамфил (м)	[karamfíl]
gladiool (de)	гладиола (ж)	[gladióla]
korenbloem (de)	метличина (ж)	[metliʧína]
klokje (het)	камбанка (ж)	[kambánka]
paardenbloem (de)	глухарче (с)	[gluhárʧe]
kamille (de)	лайка (ж)	[lájka]
aloë (de)	алое (с)	[alóe]
cactus (de)	кактус (м)	[káktus]
ficus (de)	фикус (м)	[fíkus]
lelie (de)	лилиум (м)	[lílium]
geranium (de)	мушкато (с)	[muʃkáto]
hyacint (de)	зюмбюл (м)	[zʲúmbʲúl]
mimosa (de)	мимоза (ж)	[mimóza]
narcis (de)	нарцис (м)	[nartsís]
Oost-Indische kers (de)	латинка (ж)	[latínka]
orchidee (de)	орхидея (ж)	[orhidéja]
pioenroos (de)	божур (м)	[boʒúr]
viooltje (het)	теменуга (ж)	[temenúga]
driekleurig viooltje (het)	трицветна теменуга (ж)	[tritsvétna temenúga]
vergeet-mij-nietje (het)	незабравка (ж)	[nezabráfka]
madeliefje (het)	маргаритка (ж)	[margarítka]
papaver (de)	мак (м)	[mak]
hennep (de)	коноп (м)	[konóp]
munt (de)	мента (ж)	[ménta]
lelietje-van-dalen (het)	момина сълза (ж)	[mómina səlzá]
sneeuwklokje (het)	кокиче (с)	[kokíʧe]
brandnetel (de)	коприва (ж)	[kopríva]
veldzuring (de)	киселец (м)	[kíselets]
waterlelie (de)	водна лилия (ж)	[vódna lílija]
varen (de)	папрат (м)	[páprat]
korstmos (het)	лишей (м)	[líʃej]
oranjerie (de)	оранжерия (ж)	[oranʒérija]
gazon (het)	тревна площ (ж)	[trévna ploʃt]
bloemperk (het)	цветна леха (ж)	[tsvétna lehá]
plant (de)	растение (с)	[rasténie]
gras (het)	трева (ж)	[trevá]
grasspriet (de)	тревичка (ж)	[trevíʧka]

blad (het)	лист (м)	[list]
bloemblad (het)	венчелистче (с)	[ventʃelístʧe]
stengel (de)	стъбло (с)	[stəbló]
knol (de)	грудка (ж)	[grútka]

| scheut (de) | кълн (м) | [kəln] |
| doorn (de) | бодил (м) | [bodíl] |

bloeien (ww)	цъфтя	[tsəftʲá]
verwelken (ww)	увяхвам	[uvʲáhvam]
geur (de)	мирис (м)	[míris]
snijden (bijv. bloemen ~)	отрежа	[otréʒa]
plukken (bloemen ~)	откъсна	[otkésna]

98. Granen, graankorrels

graan (het)	зърно (с)	[zérno]
graangewassen (mv.)	житни култури (ж мн)	[ʒítni kultúri]
aar (de)	клас (м)	[klas]

tarwe (de)	пшеница (ж)	[pʃenítsa]
rogge (de)	ръж (ж)	[rəʒ]
haver (de)	овес (м)	[ovés]
gierst (de)	просо (с)	[prosó]
gerst (de)	ечемик (м)	[etʃemík]

maïs (de)	царевица (ж)	[tsárevitsa]
rijst (de)	ориз (м)	[oríz]
boekweit (de)	елда (ж)	[élda]

erwt (de)	грах (м)	[grah]
nierboon (de)	фасул (м)	[fasúl]
soja (de)	соя (ж)	[sója]
linze (de)	леща (ж)	[léʃta]
bonen (mv.)	боб (м)	[bop]

LANDEN VAN DE WERELD

99. Landen. Deel 1

Afghanistan (het)	Афганистан	[afganistán]
Albanië (het)	Албания	[albánija]
Argentinië (het)	Аржентина	[arʒentína]
Armenië (het)	Армения	[arménija]
Australië (het)	Австралия	[afstrálija]
Azerbeidzjan (het)	Азербайджан	[azerbajdʒán]
Bahama's (mv.)	Бахамски острови	[bahámski óstrovi]
Bangladesh (het)	Бангладеш	[bangladéʃ]
België (het)	Белгия	[bélgija]
Bolivia (het)	Боливия	[bolívija]
Bosnië en Herzegovina (het)	Босна и Херцеговина	[bósna i hertsegóvina]
Brazilië (het)	Бразилия	[brazílija]
Bulgarije (het)	България	[bəlgárija]
Cambodja (het)	Камбоджа	[kambódʒa]
Canada (het)	Канада	[kanáda]
Chili (het)	Чили	[ʧíli]
China (het)	Китай	[kitáj]
Colombia (het)	Колумбия	[kolúmbija]
Cuba (het)	Куба	[kúba]
Cyprus (het)	Кипър	[kípər]
Denemarken (het)	Дания	[dánija]
Dominicaanse Republiek (de)	Доминиканска република	[dominikánska repúblika]
Duitsland (het)	Германия	[germánija]
Ecuador (het)	Еквадор	[ekvadór]
Egypte (het)	Египет	[egípet]
Engeland (het)	Англия	[ánglija]
Estland (het)	Естония	[estónija]
Finland (het)	Финландия	[finlándija]
Frankrijk (het)	Франция	[frántsija]
Frans-Polynesië	Френска Полинезия	[frénska polinézija]
Georgië (het)	Грузия	[grúzija]
Ghana (het)	Гана	[gána]
Griekenland (het)	Гърция	[gə́rtsija]
Groot-Brittannië (het)	Великобритания	[velikobritánija]
Haïti (het)	Хаити	[haíti]
Hongarije (het)	Унгария	[ungárija]
Ierland (het)	Ирландия	[irlándija]
IJsland (het)	Исландия	[islándija]
India (het)	Индия	[índija]
Indonesië (het)	Индонезия	[indonézija]

Irak (het)	Ирак	[irák]
Iran (het)	Иран	[irán]
Israël (het)	Израел	[izráel]
Italië (het)	Италия	[itálija]

100. Landen. Deel 2

Jamaica (het)	Ямайка	[jamájka]
Japan (het)	Япония	[japónija]
Jordanië (het)	Йордания	[jordánija]
Kazakstan (het)	Казахстан	[kazahstán]
Kenia (het)	Кения	[kénija]
Kirgizië (het)	Киргизстан	[kirgistán]
Koeweit (het)	Кувейт	[kuvéjt]

Kroatië (het)	Хърватия	[hərvátija]
Laos (het)	Лаос	[laós]
Letland (het)	Латвия	[látvija]
Libanon (het)	Ливан	[liván]
Libië (het)	Либия	[líbija]
Liechtenstein (het)	Лихтенщайн	[líhtenʃtajn]
Litouwen (het)	Литва	[lítva]

Luxemburg (het)	Люксембург	[lʲúksemburg]
Macedonië (het)	Македония	[makedónija]
Madagaskar (het)	Мадагаскар	[madagaskár]
Maleisië (het)	Малайзия	[malájzija]
Malta (het)	Малта	[málta]
Marokko (het)	Мароко	[maróko]
Mexico (het)	Мексико	[méksiko]

Moldavië (het)	Молдова	[moldóva]
Monaco (het)	Монако	[monáko]
Mongolië (het)	Монголия	[mongólija]
Montenegro (het)	Черна гора	[tʃérna gorá]
Myanmar (het)	Мянма	[mʲánma]
Namibië (het)	Намибия	[namíbija]
Nederland (het)	Нидерландия	[niderlándija]

Nepal (het)	Непал	[nepál]
Nieuw-Zeeland (het)	Нова Зеландия	[nóva zelándija]
Noord-Korea (het)	Северна Корея	[séverna koréja]
Noorwegen (het)	Норвегия	[norvégija]
Oekraïne (het)	Украйна	[ukrájna]
Oezbekistan (het)	Узбекистан	[uzbekistán]
Oostenrijk (het)	Австрия	[áfstrija]

101. Landen. Deel 3

Pakistan (het)	Пакистан	[pakistán]
Palestijnse autonomie (de)	Палестинска автономия	[palestínska aftonómija]
Panama (het)	Панама	[panáma]

Paraguay (het)	Парагвай	[paragváj]
Peru (het)	Перу	[perú]
Polen (het)	Полша	[pólʃa]
Portugal (het)	Португалия	[portugálija]
Roemenië (het)	Румъния	[ruménija]
Rusland (het)	Русия	[rusíja]
Saoedi-Arabië (het)	Саудитска Арабия	[saudítska arábija]
Schotland (het)	Шотландия	[ʃotlándija]
Senegal (het)	Сенегал	[senegál]
Servië (het)	Сърбия	[sérbija]
Slovenië (het)	Словения	[slovénija]
Slowakije (het)	Словакия	[slovákija]
Spanje (het)	Испания	[ispánija]
Suriname (het)	Суринам	[surinám]
Syrië (het)	Сирия	[sírija]
Tadzjikistan (het)	Таджикистан	[tadʒikistán]
Taiwan (het)	Тайван	[tajván]
Tanzania (het)	Танзания	[tanzánija]
Tasmanië (het)	Тасмания	[tasmánija]
Thailand (het)	Тайланд	[tajlánt]
Tsjechië (het)	Чехия	[tʃéhija]
Tunesië (het)	Тунис	[túnis]
Turkije (het)	Турция	[túrtsija]
Turkmenistan (het)	Туркменистан	[turkmenistán]
Uruguay (het)	Уругвай	[urugváj]
Vaticaanstad (de)	Ватикана	[vatikána]
Venezuela (het)	Венецуела	[venetsuéla]
Verenigde Arabische Emiraten	Обединени арабски емирства	[obedinéni arápski emírstva]
Verenigde Staten van Amerika	Съединени американски щати	[səedinéni amerikánski ʃtáti]
Vietnam (het)	Виетнам	[vietnám]
Wit-Rusland (het)	Беларус	[belarús]
Zanzibar (het)	Занзибар	[zanzibár]
Zuid-Afrika (het)	Южноафриканска република	[juʒno·afrikánska repúblika]
Zuid-Korea (het)	Южна Корея	[júʒna koréja]
Zweden (het)	Швеция	[ʃvétsija]
Zwitserland (het)	Швейцария	[ʃvejtsárija]